STATUTS, ARTICLES ET ORDONNANCES DES IUREZ DU ROY

és Oeuvres de Charpenterie de la Ville, Prevosté & Vicomté de Paris, & des Maistres Charpentiers de la Ville, Fauxbourgs & Banlieuë d'icelle.

Dressez, corrigez & augmentez Par M. RENE' HARANGER, *Avocat en Parlement, & au Conseil d'Etat & Privé de Sa Majesté.*

A PARIS, chez la V. G. ADAM, au bas du Pont saint Michel, à l'Olivier.

M. D. CCI.

STATUTS, ARTICLES ET ORDONNANCES des Jurez du Roy ès Oeuvres de Charpenterie de la Ville, Prevosté & Vicomté de Paris, & des Maistres Charpentiers de ladite Ville, Fauxbourgs & Banlieuë d'icelle.

I.

PREMIEREMENT, Afin que les Pourvûs des Charges de Jurez Charpentiers de nostre Ville, Prevosté & Vicomté de Paris ; Et les Maistres Charpentiers d'icelle, puissent doresnavant subsister dans les mesmes ordres qu'ils ont perpetuellement observez avec autant d'honneur que les Rois nos Prédécesseurs pouvoient esperer de leurs obeïssances, & que Nous avons éprouvé dés les premieres années de nostre Avenement à la Couronne ; Nous entendons que le plus ancien reçû en une desdites Charges soit reputé Doyen de toute la Compagnie, pour en cas qu'il n'ait esté atteint d'aucun crime ; tenir le premier rang en toutes Assemblées qui ne se pourront faire ailleurs qu'en sa maison, tant pour la revision des Lettres de Pourvûë desdites Charges, que pour l'examen d'iceux, & autres generalement quelconque ; donner le premier son avis sur les propositions que le Syndic fera des affaires naissantes, faire publiquement les reprimantes à toüs ceux que la malice pourroient porter à quelque injuste entreprise contraire au bien des presentes Ordonnances, & se rendre ponctuel dans l'execution d'icelle.

II.

Que si le plus ancien Pourvû de l'une desdites Charges se trouve convaincu de crimes, qu'il ait minuté quelque monopole contre les interests de ladite Compagnie, & qu'il se soit intrigué avec les ennemis d'icelle, & qu'il luy ait suscité aucuns procez ; Nous voulons qu'il soit privé du rang de Doyen, & que celuy qu'il le suivra en reception entre en ladite place, sans differend ny contestation quelconque, poür s'y comporter ainsi qu'il est cy-dessus declaré.

Et quant aux troisiéme & quatriéme articles, ils ne sont cy-dessus écrits, attendu que la Cour les a reservez.

V.

Nous entendons que l'un desdits Jurez soient nommé pour Syndic par les Pourvûs seuls desdites Charges, entr'eux à la pluralité des voix, le lendemain de la Feste de saint Joseph, Patron desdits Jurez & Maistres Charpentiers, en la maison dud. Doyen, deux heures de relevée, auquel lieu tous lesdits Jurez seront tenus de s'assembler sans autre mandement plus special, sinon en cas d'indisposition, ou autre legitime empéchement, à peine de six livres d'amende, que Nous avons dés à présent adjugée pour survenir aux affaires de ladite Compagnie.

VI.

Le Syndic pendant deux années entieres incessamment veillera à la deffense des interests de toute la Compagnie desdits Jurez & Maistres Charpentiers de nostredite Ville, rendra ses assiduitez journellement à la sollicitation des differends que Nous ne pouvons prévenir : Donnera avis audit Doyen de toutes affaires generalement quelconques, & se comportera dignement en tout, conformément aux déliberations concluës à la pluralité de voix, & procurer les Assemblées à sa diligence en la maison dud. Doyen.

VII.

Si le Syndic pendant les deux années de son maniement & fonction est trouvé en quelque abus, malversation ou monopole au préjudice du repos de ladite Compagnie, ou qu'il soit repris de Justice, il en sera démis sans autre formalité de procez : Et sera en la maison dudit Doyen procedé à la nomination d'un autre en sa place, à la pluralité des voix desdits Jurez, pour achever seulement le temps restant desdites deux années, avec pouvoir toutefois ausdits Jurez de continuer pareil temps de deux années, celuy qui dans les voyes d'honneur s'y sera dignement acquité du Syndicat, pourvû qu'il en soit consentant, afin que ses affaire domestiques n'en puissent recevoir alteration quelconque.

VIII.

Pour seureté en l'execution des déliberations de ladite Compagnie, icelles seront doresnavant écrites en un Registre relié expressément destiné à cet effet par ledit Doyen, ou en cas d'indisposition & autre empêchement legitime par ledit Syndic, dont il demeurera dépositaire pendant lesdites deux années, & les rendra à son Successeur, sans qu'aucuns de ceux qui seront mandez à la diligence dudit Syndic en la maison dudit Doyen, ou autres lieux pour les affaires de ladite Compagnie, s'en puissent dispenser que par maladie ou autre excuse raisonnable, à peine de trois livres d'amende que Nous avons dés à present adjugée, pour subvenir à la poursuite desdites affaires.

IX.

Ledit Syndic élû en la maniere que Nous avons cy-devant ordonné, sera Receveur des deniers communs, lequel sortant de charge aprés lesdites deux années, sera tenu rendre compte sommairement & sans aucun frais, pardevant ledit Doyen, lesdits Jurez, & ceux des anciens Maistres Charpentiers qu'ils voudront appeller si bon leur semble en la maison dudit Doyen, & mettra le fonds si aucun y a entre les mains du Syndic son Successeur, mesme en cas que ledit rendant compte se trouvast creancier pour avoir plus déboursé que reçû, il en sera remboursé par sondit Successeur, pour éviter à toutes confusions, differend & contestation.

X.

Ceux qui à l'advenir seront pourveus desdites Charges de Jurez Charpentiers de nostredite Prevosté & Vicomté, aprés avoir presté le serment en la maniere accoustumée, comme cy-devant il a esté pratiqué suivant l'Arrest de nostre Parlement de Paris, du 5. May 1650. payeront pour droit de reception, ce qui a jusqu'à present soigneusement esté observé entre lesdits Jurez, sans que les Juges ordinaires, les Roys nos Prédécesseurs & nôtre Conseil en ayent receu aucunes plaintes.

XI.

Afin que les Estrangers par leur establissement en nostredite Ville, Prevosté & Vicomté de Paris, ne puissent profiter du gain que lesdits Jurez & Maistres Charpentiers peuvent faire dans l'entreprise des Ouvrages de leur Art, nul ne pourra estre receu Maistre Charpentier s'il n'est originaire François, né nostre Sujet, ou qu'il n'ait obtenu de Nous Lettres de naturalité deuëment verifiées où besoin sera.

XII.

Pour ce que lesdits Jurez sont journellement employez en des sujets, où le secret de la conscience est absolument necessaire, & que lesdits Maistres Charpentiers pourroient aisément abuser de la facilité des Peuples, s'ils n'estoient religieux en la construction des Ouvrages que l'on confie à leur conduite: Nous voulons que ceux qui doresnavant aspireront à la Maistrise dudit Art, justifient par preuves valables avant que d'y estre admis, qu'ils n'ayent esté accusez, atteints, convaincus, ny repris par Justice suivant le douziéme article des Ordonnances, que les Ancestres desdits Jurez & Maistres se sont procurez dés le 13. Novembre 1454. confirmées par les Roys nos Predecesseurs, Loüis XI, Henry II. & Charles IX. au mois de Juin 1467. Mars 1557. & Oct. 1570.

XIII.

Les Aspirans à ladite Maistrise seront pareillement tenus de travailler l'espace de six mois avant qu'ils puissent estre admis, sçavoir trois mois chez l'un desdits Jurez, & trois autres mois chez l'un des anciens desdits Maistres Charpentiers, ainsi qu'il en sera deliberé par la Compagnie desdits Jurez en la maison de leur Doyen, à la charge de les payer pendant ledit temps de leurs salaires competans, ainsi qu'il est porté par le cinquiéme article desdites Ordonnances de l'an mil quatre cens cinquante quatre.

XIV.

Celuy desdits Maistres Charpentiers, sous lequel par déliberation desdits Jurez, lesdits aspirant auront travaillé l'espace de trois mois, avertira immediatement aprés le Juré, en la maison duquel ils auront travaillé les trois premiers mois, de la façon qu'il se seront comportez, des ouvrages qu'ils auront faits, & de la conduite qu'ils auront apportez, afin que sur le rapport que ledit Juré seul en fera à la Compagnie desdits Jurez en la maison dudit Doyen, il y soit pourveu en la maniere qui ensuit.

XV.

Si-tost que lesdits Aspirans auront esté presentez à la Compagnie desdits Jurez, convoquez à cet effet à la diligence dudit Syndic, en la maison dudit Doyen, par ledit Juré sous lequel ils auront travaillé, il leur sera ordonné de faire sur un carton un trait Geometrique, que lesdits Doyen & Jurez aprés l'avoir veu faire, recevront, signeront & parapheront tous, pour éviter à l'abus que quelques artificieux pourroient adroitement causer en ce rencontre, & sera à l'instant, même par ledit Doyen, mis entre les mains dudit Syndic, afin de le conserver soigneusement, & en faire la représentation à ladite Compagnie lors qu'elle se trouvera à propos.

XVI.

Tous les cartons sur lesquels lesdits Aspirans auront chacun fait ledit trait de Geometrie, pour premiere preuve de leur addresse en presence de ladite Compagnie, seront gardez par le Syndic suivant leur datte, & les mettra aprés les deux années de son temps entre les mains de son Successeur, pour perpetuellement les faire voir dans les occasions necessaires à ce sujet.

XVII.

En suite que lesdits Aspirans auront esté presentez, qu'il auront fait ledit trait de Geometrie en la presence de ladite Compagnie, & qu'ils l'auront requise par la bouche du Juré leur conducteur, & leur vouloir ordonner un Chef-d'œuvre, lesdits Jurez aviseront ensemble en leurs consciences sur cette proposition, chacun d'eux y donnera son avis entre les mains dudit Doyen, suivant l'ordre de la reception, & ce qui aura esté conclut à la pluralité des voix sera executé sans fraude, artifice, ny monopole dont sera fait mention dans le Registre de la Compagnie par ledit Doyen, ou en cas d'indisposition & autre excuse legitime, par ledit Syndic, que tous lesdits Jurez signeront & parapheront.

XVIII.

Le Chef-d'œuvre ainsi donné sera par chacun desdits Aspirans fait de ses propres mains en la maison de l'un desdits Jurez que ladite Compagnie sera tenu de nommer, suivant l'ordre de sa reception ; & sera le présent article consecutivement executé, afin que nuls desdits Jurez ne puissent estre privez de l'honneur que le rang, l'âge & le merite luy auroient acquis par la suitte des années.

XIX.

Chacun desdits Jurez ayant veu ledit Chef-d'œuvre entierement parfait, le conducteur leur fera accepter, & sur le fidele raport qu'ils en feront à nostre Procureur audit Chastelet, aprés avoir payez nos droits accoustumez, ceux desdits Jurez à l'ordinaire, mis dix livres entre les mains dudit Syndic pour survenir aux affaires de ladite Compagnie, & autres dix livres pour la Confrerie, il prestera le serment pardevant nostredit Procureur, & Lettres leur seront expediées, où le nom desdits Jurez seront exprimez, suivant l'ordre de leur reception, comme il est porté par le huitiéme article desdites Ordonnances, l'an 1454.

XX.

Douze anciens Maistres Charpentiers de nostre Ville seront mandez par l'ordre des Jurez aux receptions de chacun desdits Aspirans, ainsi qu'il s'est pratiqué jusques à present, sans qu'ils puissent prétendre aucun droit, ny autre choses generalement quelconques.

XXI.

Afin que le Public soit dignement servy dans la construction

des

des Ouvrages dudit Art ; Nous voulons que les propres fils desdits Jurez & Maistres qui aspireront à ladite Maistrise fassent pareillement en la presence desdits Jurez ledit trait Geometrique en la maison dudit Doyen, qu'ils rendent le Chef-d'œuvre parfait que lesdits Jurez leur auront ordonné en la maison de l'un d'eux, qu'ils payent nos droits, ceux desdits Jurez, les dix livres entre les mains dudit Syndic pour survenir aux affaires de ladite Compagnie, & les autres dix livres pour ladite Confrerie, même que douze anciens desdits Maistres soient mandez à leur reception par l'ordre desdits Jurez, & qu'ils en fassent le serment pardevant nostre Procureur audit Chastelet, dont pareilles Lettres seront délivrées, ainsi qu'il est declaré par le dixneuviéme articles des presentes Ordonnances.

XXII.

Pour perpetuellement entretenir les anciennes observations des choses sacrées dans l'estat de leur premiere dignité ; Nous entendons que lesdits Iurez Maistres observent religieusement entr'eux ce qu'ils ont toûjours gardé en l'administration de leurs Confreries, sans y apporter aucun changement, alteration, ny nouveauté quelconque.

XXIII.

Nul ne poura se presenter ausdits Iurez, ny leur demander Chef-d'œuvre, qu'il n'ait fait aprentissage pendant six années entieres chez l'un desdits Iurez ou Maistre dudit Art, dont il fera apparoir par certificat avec son Brevet en bonne forme, passé pardevant Notaires de nostredit Chastelet, pour éviter à toutes fraudes : Et s'il n'est Apprentif de nostredite Ville, sera tenu de fidelement travailler sous lesdits Iurez ou Maistres durant quatre années complettes, dont il rapportera Certificat valable.

XXIV.

Tous ceux, qui sous pretexte de nos Lettres de Don des Roys nos Successeurs, ou d'autres, pour quelque cause & occasion que ce soit, prétendront à la Maistrise dudit Art, & seront tenus de faire Chef-d'œuvre ou experience de leurs propres mains, suivant le 98e article des Ordonnances des Estats tenus en nostre ville d'Orleans par les feus Rois Henry III. & Charles IX. nos Predecesseurs, par l'ordre desdits Iurez en la maison de l'un, comme il sera deliberé par ladite Compagnie chez ledit Doyen, & payant par eux nos droits & ceux desdits Iurez, lesdites dix livres au Syndic, pour survenir aux affaires de ladite Compagnie, & les autres dix livres pour ladite Confrerie, sans qu'il soit besoin d'autre condamnation, ny mandement plus exprés.

XXV.

Pour entierement suivre l'exemple des Rois nos Predecesseurs à la confirmation desdites Ordonnances en l'an 1454. conformément au sixiéme article d'icelle : Nous faisons deffenses tres-expresses ausdits Iurez d'avoir plus d'un Apprentif chacun d'eux en même-temps, à peine de trente livres d'amende, que Nous avons adjugez pour survenir aux affaires de ladite Compagnie, avec pouvoir neanmoins d'en prendre un second, lors que le premier aura entierement fait trois ans du temps porté par le vingt-cinquiéme article des presens Statuts.

XXVI.

Nous faisons aussi deffenses à tous Maistres Charpentiers de nostredite Ville d'avoir plus d'un Apprentif sous chacun d'eux à peine de ladite somme de trente livres applicables comme dessus, avec pareille faculté toutefois d'en prendre un second aprés trois années complettes du temps dudit premier, suivant ledit article 6. des Ordonnances de l'an 1454.

XXVII.

Et afin que lesdits Iurez & Maistres ne puissent commettre aucun abus dans le nombre des Apprentifs, Nous voulons que chacun d'eux envoye audit Syndic, trois jours aprés la signification des presentes Ordonnances, tous les surnoms & âges de leurs Apprentifs, avec le temps qu'ils ont commencé leur apprentissage, suivant leur Brevet, dont ils justifieront audit Syndic pour luy en faire mention sur ledit Registre de ladite Compagnie, & ainsi que tous les autres, consecutivement le lendemain de ladite Feste de saint Ioseph, sur les quatre heures de relevée en la maison dudit Doyen, dont lecture sera publiquement faite par ledit

Syndic en presence de toute la Compagnie desdit Iurez, à peine contre chacun des contrevenans de cinquante livres d'amende, la moitié applicable à Nous, & le tiers en faveur de ladite Compagnie, pour survenir aux affaires d'icelles, & le surplus ainsi qu'il sera jugé par nostre Procureur audit Chastelet.

XXVIII.

Lesdits Iurez & Maistres pourront, avec lesdits Apprentifs, avoir chez eux enfans procréez de legitime mariage, les enfans de leurs enfans & leurs neveux, conformément au septiéme article desdites Ordonnances de 1454. même auront la liberté d'avoir aussi leurs cousins germains, pour sous la faveur de cette faculté tirer de la necessité les plus proches de leur famille.

XXIX.

Tous Compagnons & Serviteurs, appellez du nom de Vallet par les Ordonnances de l'année 1454. ne pouront faire entreprise, action ou fait des Iurez ou Maistre dudit Art en nostredite Ville, Prevosté & Vicomté de Paris ; mais ils seront tenus de fidelement servir lesdits Iurez & Maistres au contentement des Peuples, à peine de confiscation de leurs Ouvrages, Engins, Outils & Ustanciles, de trente livres d'amende, & de punition plus rigoureuse en cas de contravention pour la seconde fois, dont Nous voulons que Iustice soit promptement faite par nostre Procureur audit Chastelet, sans la seule dénonciation desdits Jurez.

XXX.

Ne pouront aussi lesdits Compagnons & Serviteurs tenir aucun Compagnon ou Apprentif sous eux, en quelques lieux & endroits qu'ils puissent estre de nostredite Ville, Prevosté & Vicomté de Paris, sur les peines cy-dessus declarées.

XXXI.

Nous faisons deffenses & inhibitions tres-expresses ausdits Jurez & Maistres d'associer avec eux aucuns Compagnons, d'en autoriser les entreprises, ny leur prester leurs noms, & à tous autres de quelle condition & qualité qu'ils puissent estre, qu'ils n'ayent esté receus Maistre dudit Art, avec les formalitez que Nous avons prescrites par les articles precedens, à peine de cinq cens livres d'amande contre chacun des contrevenans, dont dès à present Nous en avons adjugé le tiers aux Pauvres de l'Hostel-Dieu de nostredite Ville : l'autre tiers pour survenir aux affaires de ladite Compagnie, & le surplus ainsi qu'il sera jugé à propos par la prudence de nostre Procureur audit Chastelet, auquel Nous enjoignons d'user sans delay de punition rigoureuse & exemplaire contre chacun des contrevenans pour la seconde fois au présent article.

XXXII.

Si aucuns desdits Compagnons & Serviteurs sont requis pour travailler à la journée dans les maisons des Bourgeois ou autres Habitans de nostredite Ville, Prevosté & Vicomté de Paris, ils seront tenus, avant que de commencer leurs Ouvrages, d'en donner avis audit Syndic, & de les faire fidelement, suivant les regles dudit Art, à condition que nosdits Bourgeois ou autres Habitans fourniront de bois ausdits Compagnons, ensemble d'engins, outils & autres ustancilles necessaires, mesme les nourriront à leurs dépens pour éviter toute confusion, à peine de confiscation des ouvrages, engins & ustancilles, & vingt livres d'amende que Nous avons dés à present appliquée à nostre profit, sans qu'il soit besoin de condamnation ny de jugement exprés.

XXXIII.

Afin que promptement les Bâtimens que toutes personnes pourront faire élever soient à leur contentement parfaits dans le tems de leur marché & dans les saisons qu'elles auront premedité pour le bien de leurs familles : Nous permetons ausdits Jurez & Maîtres qui n'auront faits leurs provisions suffisantes dans les Forests à la Campagne, d'achepter toute sorte de bois propre à leur usage, si-tost qu'ils seront arrivez & déchargez à terre sur les Ports de nostredite Ville, Prevosté & Vicomté de Paris, sous cette condition, que ceux d'entr'eux qui se trouveront avant qu'il soit lotty & enlevé, en pourront avoir comme celuy qui en avoit fait le marché.

XXXIV.

Nous deffendons à toutes personnes à la reserve desdits Jurez & Maistres Charpentiers, de n'acheter, mettre à prix, ny faire offre sur les bois à bastir, qu'ils n'ayent préalablement esté trois jours francs sur lesdits Ports, aprés avoir esté déchargez, à peine de confiscation des bois & de trente livres d'amande.

XXXV.

Et pareillement Nous deffendons à toutes personnes de quelque qualité & condition qu'elles soient, de revendre ny exposer en vente sur lesdits Ports aucuns desdits bois qu'ils auront achetez, sous les mêmes peines que dessus.

Et quant au trensixiéme n'est cy-dessus écrit, attendu que ladite Cour l'a reservé.

XXXVII.

En consequence de quoy pour donner à tous nos Sujets la satisfaction qu'ils doivent attendre du ministere desdits Jurez : Nous voulons qu'avant qu'ils puissent estre dorénavant pourveus desd. Charges, qu'ils ayent deuëment fait connoistre la capacité qu'ils se seront acquise pendant la suitte de plusieurs années en la construction des Ouvrages dudit Art, qu'ils en ayent suby les formalitez que Nous avons cy-devant prescrit, & qu'ils ayent esté receus Maistres cinq années auparavant selon l'ordre des Statuts, afin que conformément ausdits Edits & Arrests de nostredit Conseil, du mois d'Octobre 1574. & vingt-sixiéme Février mil six cens trente neuf, leur experience les rendra plus digne des emplois publics à l'exclusion de toute autre personne.

XXXVIII.

Il y aura dorénavant, ainsi qu'il s'est toûjours pratiqué, un Tableau dans le lieu où journellement lesdits Jurez s'assemblent, vulgairement appellé l'Ecritoire, un autre en la Chambre du Présidial de nostredit Chastelet, & un autre dans le Greffe de nostredit Parlement de Paris, en chacun desquels les noms, surnoms & demeure d'iceux seront enregistrez selon l'ordre de leur reception, pour y avoir recours dans les occasions : Faisant deffenses tres-expresses à toutes personnes d'inserer autres noms que ceux deuëment pourveus de ladite Charge, à peine de punition exemplaire.

Et quant aux trente-neuf & quarente, ne sont cy-dessus écrits, attendu que ladite Cour les a reservez.

XLI.

Parce qu'aucuns desdits Maistres Charpentiers se pourroient ingerer de faire les fonctions desdites Charges sans en avoir obtenu provision de Nous, même que nos Juges en pourroient commettre : Nous conformément ausdits Edits, Sentences, Arrests, Réglemens, avons deffendu & deffendons tres-expressement ausdits Maistres Charpentiers & à tous autres de faire aucunes visitations, toisez, estimations, rapport & autres actes dépendans desdites Charges, quoy qu'ils fussent convenus par lesdites Parties & non par nos Juges, qu'elle commission qu'ils en ayent, ou pourroient par surprise obtenir, lesquelles Nous avons dés à présent revoquée & revoquons sans qu'ils s'en puissent aider, sur peine de faux & de pareille amande que dessus, applicable ainsi que Nous l'avons ordonné par les deux articles precedens, dont Nous voulons justice estre faite par nostre Procureur audit Chastelet, nostre Prevost de Paris ou son Lieutenant Civil, sur la premiere plainte desdits Jurez.

XLII.

Nous voulons aussi que nos Juges n'ayent aucun égard au rapport, prisée, estimations & rapport desdits Maistres Charpentiers & autres, sinon à ceux qui seront faits par lesdits Jurez, avec deffenses à toutes Parties de s'en aider sur peine de perdition de causes ; à quoy nostredit Procureur audit Chastelet sera tenu de veiller incessamment.

XLIII.

Nous faisons deffenses & inhibition tres-expresses suivant l'Arrest de nostredit Conseil du 26. Février 1639. donné par le Commandement du feu Roy de glorieuse memoire, nostre tres-honoré Seigneur & Pere : Au Greffier ou autrement dit Clerc de l'Ecritoire, de délivrer aucuns procez verbaux ny autres actes que sur le rapport desdits Jurez, à peine de nullité d'iceux, & de vingt livres d'amende contre chacun des contrevenans, envers lesdits Jurez, pour survenir à leur affaire pour la premiere contravention, & de privation de leur Offices pour la seconde.

XLIV.

Nous Ordonnons que lesdits Jurez conformément à leur Edit de creation dudit mois d'Octobre 1574. vaqueront incessamment au devoir de leur Charge, si-tost qu'ils en seront requis par les Parties, ou qu'ils auront esté nommez par les Juges jusques à perfection de leur rapport, dont ils feront écrire les minutes par l'un desdits Clercs de l'Ecritoire, & qu'ils seront tenus d'arester, signer & parapher à l'instant même, pour éviter à toute fraude.

XLV.

Tous lesdits Clercs de l'Ecritoire tiendront Registre des Minuttes desdits rapports & autres actes dépendans du ministere desdits Jurez, & seront tenus d'en délivrer les Grosses en papier aux Parties, qui les revoqueront dans vingt-quatre heures aprés le parachevement desdits rapports au plus tard, afin de ne les point tirer en longueur, à peine des dépens, dommages & interests desdites Parties, privation de leurs Offices & d'amande arbitraire, dont un tiers appartiendra au Dénonciateur, ainsi qu'il est porté par ledit Edit de création du mois d'Octobre 1554.

XLVI.

Et pour donner moyen aux Jurez d'exercer leur Charges dans l'honneur que Nous esperons de leur fidelité: Nous voulons qu'ils soient payez raisonnablement de leur salaire, comme il est déclaré par ledit Edit du mois d'Octobre 1574. leur faisant deffenses d'en prendre ny exiger de plus grand droit, sur peine de privation de leursdites Charges & d'amende arbitraire.

Et quant au quarente-septiéme article, n'est cy-dessus écrit, dautant que ladite Cour l'a reservé.

XLVIII.

Nous faisons deffenses & inhibition tres-expresses ausdits Iurez, Maistres, Compagnons, Apprentifs dudit Art, de travailler à tous Astelliers, Edifice & Bastiment generalement quelconques au jour des Dimanches & Festes, que Nous voulons estre employez au Service Divin, conformément aux constitutions Canoniques, à peine de cent livres d'amende, que Nous avons adjugé pour survenir aux affaires de ladite Compagnie; & afin d'en arrester l'abus, Nous enjoignons ausdits Iurez d'en faire les perquisitions exactes, en dresser leurs plaintes & faire leur rapport pardevant nostre Procureur audit Chastelet, pour y estre à l'instant même apportez les Réglemens necessaires.

XLIX.

Et d'autant que les Charges desdits Iurez n'ont esté establies par les Roys nos Predecesseurs, que pour plus aisément reprimer l'énormité des actions contraires au repos de nos Sujets : Nous entendons que les Pourveus desdites Charges, à l'instar des Iurez Paveurs de nostredite Ville, Prevosté & Vicomté de Paris, crées par Edit du mois de Ianvier 1538. visiteront tous les bois à bastir, ouvrez & à ouvrer, qui dorénavant arriveront sur les Ports & Quays de nostredite Ville, Prevosté & Vicomté de Paris, avant d'estre exposez en vente, afin de voir s'ils sont de qualité requise, sans que pour raison de ce ils puissent pretendre aucun droit ny salaire, à peine de concussion.

L.

Quoy que par divers Réglemens rendus en nostredit Parlement de Paris, contre tous Ouvriers & autres generalement quelconques, deffenses leur ont esté faites d'entreprendre des Bâtimens & Maisons pour rendre la clef en la main, à cause que par ce moyen divers accidens surviennent journellement par le défaut des mal façons des Ouvrages, & même que plusieurs desdits Ouvriers estoient frustrez du profit qu'ils eussent pû faire, s'ils eussent en personne conclu les marchez des Ouvrages de leur Art, ce mal n'ayant pû encore estre arresté : Nous deffendons ausdits Iurez & Maistres de faire dorénavant telle entreprise, à peine

de

de 1500. livres d'amende contre un chacun des contrevenans, dont Nous nous en sommes adjugé la moitié, & le surplus en faveur de ladite Compagnie pour survenir aux affaires d'icelles, au moyen de quoy lesdits Iurez incessamment feront leur recherche en tous les Edifices, Astelliers & Bâtimens commencez en nostredite Ville, Prevosté & Vicomté de Paris, pour sçavoir les noms des Entrepreneurs d'iceux, & en cas qu'aucuns soient de la qualité cy-dessus, en faire leurs plaintes à nostredit Procureur audit Chastelet, pour à l'instant même y estre pourvû par les voyes raisonnables.

LI.

Et enfin conformément à la Sentence de nostre Prevost de Paris du septiéme Aoust 1630. confirmée par Arrest contradictoire de nostredit Parlement, du vingtiéme Aoust 1631. Nous permettons ausdits Iurez & Maistres d'employer tels Compagnons qu'il leur plaira pour le service de nos Sujets dans les Ouvrages audit Art, ausquels Compagnons Nous faisons deffenses d'emporter des Asteliers, Maisons, Chantiers desdits Iurez & Maistres, ny même des logis ou autres chez lesquels ils travailleront, aucunes foüées, copeaux, bout de bois & billots qu'ils mettront en œuvre, à peine de punition corporelle ; ce que Nous voulons estre executé sans autre formalité de Procez, sur la premiere plainte de l'un desdits Iurez & Maistres Charpentiers, pardevant nostre Procureur audit Chastelet.

Registrée ouy le consentement du Procureur General du Roy, pour jouir par les impetrans à l'effectif cy-contenu, aux charges portées par l'Arrest de ce jour. A Paris, en Parlement, le vingt-deuxiéme Janvier mil six-cens cinquante-deux.

Signé, DU TILLET.

Registrée au douxiéme Volume des Bannieres Registre ordinaire du Chastelet de Paris, ce requeront les impetrans, pour servir & valoir & y avoir recours quand besoin sera. Ce fut fait au Chastelet de Paris, le deuxiéme jour de Mars 1652.

Signé, FAUSLET.

EXTRAIT DES REGISTRES du Conseil Privé du Roy.

SUR la Requeste presentée au Roy en son Conseil par les Jurez de Sa Majesté és Oeuvres de Charpenterie de la Ville, Prevosté & Vicomté de Paris, Contenant que les Statuts, dont leurs Ancestres ont esté favorisez dés le 13. Novembre 1454. confirmez par les Roys Loüis XI. Henry II. & Charles IX. au mois de Juin 1467. Mars 1557. & Octobre 1570. Ne sont pas entierement décisifs dans les fonctions de leur Art : Que les termes en sont extrémement ambigus, & que plusieurs personnes sans aucuns titres valables en méprisent l'authorité, jusques à entreprendre sur ce qui dépend immédiatement de leur ministere; ensorte qu'un nombre de Procez s'augment journellement à leur préjudice, au détriment du Public, & au desavantage des Loix de Sadite Majesté : Pour ces causes, & d'autant que la Compagnie desd. Supplians ne pourroit heureusement subsister si elle n'est maintenuë par les effets de la Justice Souveraine de Sadite Majesté, requeroient qu'il plût à Sadite Majesté vouloir confirmer leurs anciens Statuts du treize dudit mois de Novembre 1454. Mêmes leur permettre d'en changer le langage, & d'y adjoûter quelques Articles importans pour le bien des Sujets de Sadite Majesté, pour la conservation de ses Réglemens, & le support de ladite Compagnie desd. Supplians : VEU ladite Requeste, Signé Haranger Avocat aux Conseils d'Estat & Privé de Sadite Majesté. Copie collationnée desd. anciens Statuts du treize Novembre 1454. confirmez par Lettres Patentes desd. Roys des mois de Juin 1465. Mars 1557. & Octobre 1570. Copie de Commission délivrée par le Procureur de Sadite Majesté au Chastelet de Paris le treize Juin dernier 1648. Copie d'un Arrest du Parlement audit lieu du cinq May 1560. Copie des Lettres Patentes de Charles VI. Loüis XI. & François I. des mois de Février 1404. Juin 1467. & Mars 1514. Par lesquelles lesd. Jurez estoient autrefois électifs, & copie imprimée de l'Edit de creation desdites Charges en titre d'Office par le Roy Henry III. au mois d'Octobre 1574. Copie collationnée d'Arrest du Conseil du 26. Février 1639. Portant augmentation du nombre desdites Charges. Copie collationnée d'Arrest du Parlement contre les Compagnons dudit Art, du 30. Aoust 1631. Lettres Patentes. Arrest dudit Parlement. Arrest dudit Conseil. Sentence du Prevost de Paris, portant confirmation des Privileges desd. Iurez des vingt Octobre & 18. Novembre 1575. & 23. Ianvier, 24. Mars, 4. Avril 1579. 9. Février 1582. 22. Septembre 1592. 3. Novembre 1611. 4. Septembre, 27. Octobre, & 10. Novembre 162. 21. Aoust 1623, 6. Mars 1631. 26. Février 1639. & 13. Octobre 1644. Et les nouveaux Statuts dressez par ledit Haranger, lesdits Supplians: Oüy la réponse dudit d'Orgeval, Conseiller du Roy en ses Conseils, Maistre des Requestes ordinaire de son Hostel, Commissaire à ce député; Et tout consideré: LE ROY EN SON CONSEIL, A renvoyé & renvoye ladite Requeste pardevant le Prevost de Paris, ou son Lieutenant Civil, pour sur icelle donner leur avis & iceluy rapporté pardevant Sadite Majesté audit Conseil, pour estre pourvû ausdits Supplians, ainsi qu'il apartiendra par raison. FAIT au Conseil Privé du Roy, à Paris l'onziéme Septembre 1648.

VEU par Nous Dreux Daubray, Seigneur d'Offemont, Villiers & autres lieux, Conseiller du Roy en ses Conseils, Lieutenant Civil de la Ville, Prevosté & Vicomté de Paris, Charles Bonneau aussi Conseiller du Roy en ses Conseils, & son Procureur au Chastelet, Ville, Prevosté & Vicompté de Paris, la Requeste presentée au Roy en son Conseil par les Jurez és Oeuvres de Charpenterie de cette Ville, Prevosté & Vicomté de Paris, l'Arrest du Conseil, par lequel Sadite Majesté nous a renvoyez ladite Requeste, pour sur icelle donner nostre avis, & iceluy raporté par devers Sadite Maiestè audit Conseil, estre pourveu ausdits Jurez és Oeuvres de Charpenterie, ainsi qu'il appartiendra par raison, ledit Arrest en datte du onziéme Septembre 1648. Signé Forcoal, les anciennes Ordonnances, Arrests & Sentences rendus sur icelle, & les nouveaux Articles presentez par lesdits Jurez.

NOSTRE avis est, que sous le bon plaisir du Roy & de la Reine Regente sa Mere, lesdits nouveaux Articles au nombre de cinquante & un, dressez sur les anciennes Ordonnances, Arrests & Sentences; peuvent estre accordez ausdits Jurez és œuvres de Charpenterie, n'y ayant rien reconnu de préjudiciable au droit & service de Sadite Majesté, & interest du Public. Fait ce dix-huitiéme jour du mois de May mil six cens quarente neuf.

DAUBRAY

BONNEAU.

LOUIS PAR LA GRACE DE DIEU, ROY de France & de Navare : A tous présens & à venir ; SALUT. Puisque dés les premieres années de nôtre Avenement à la Couronne, Nous avons recherché les moyens de causer à nos Sujets le repos qu'ils peuvent justement esperer de Nostre autorité Royale, ce que Nous n'avons à present de plus forts sentimens que ceux de les faire subsister dans la confirmation des Privileges que les Roys nos Predecesseurs ont liberalement accordé à leur Communauté, Nos chers & bien-amez les Jurez és œuvres de Charpenterie de nostre Ville, Prevosté & Vicomté de Paris, qui autrefois estoient électifs suivant les Lettres Patentes de Charles VI. Loüis XI. & François I. des mois de Février 1404. Juin 1467. & Mars 1514. verifiée en nostre Parlement de Paris, & depuis creé en titre d'Office par Edit de Henry III. du mois d'Octobre 1574. verifiée en nostre Parlement le 8. Mars 1575. leuë & registrée au Parc Civil de nostredit Chastelet, à l'Audiance tenant le troisiéme Octobre 1594. élu en l'Auditoire de nostre Bailliage du Palais, le 16. Février 1631. même augmentez en nombre à cause de l'accroissement au moins de moitié de nostredite Ville & Fauxbourgs d'icelles par le feu Roy Loüis XIII. de glorieuse memoire nostre tres-honoré Seigneur & Pere, par Arrest de nostre Conseil d'Estat, du 26. Février 1639. Nous ayant tant en leurs noms, que pour les Maistres Charpentiers de la grande cognée de nostredite Ville, fait tres-humblement remontrer que les Ordonnances de leurs Ancestres ont esté favorisée dés le 13. Novembre 1454. ratifiez par Loüis XI. Henry II. & Charles IX. au mois de Iuin 1467. & Mars 1557. & Octobre 1570. & ne sont pas entierement décisives dont les termes en sont extrémement ambigus, & que plusieurs personnes sans aucuns titres valables en méprisant l'autorité, jusques à leur préjudice sur ce qui dépend immediatement de leurs ministres : ensorte qu'un nombre de procez s'augmente journellement à leur préjudice, ou détriment du Public & au desavantage de nos Loix. Ils Nous ont suplié leur vouloir continuer & confirmer lesdites Ordonnances, mêmes leurs permettre d'en changer le langage, & d'y ajoûter quelques Articles importans pour le bien de nosdits Sujets, pour la conservation de nos Réglemens & le suport de leur Compagnie fondée sur l'autorité des Arrests de nostredit Parlement, de nostredit Conseil, des Sentences de nostredit Prevost de Paris, sur ce vouloir leur conceder nos Lettres Patentes, humblement requerant icelles : A CES CAUSES, & pour d'autant plus leur laisser des marques de la confiance que Nous avons de leur fidelité, aprés avoir fait voir en nostredit Conseil les anciennes Ordonnances, Lettres de confirmation d'icelles, copies des quittances des sommes payées par lesdits exposans pour le droit de confirmation dû, à cause de nostre Avenement à la Couronne : Divers Réglemens intervenus pour le fait dudit Art : Les nouvelles Ordonnances dressées par Haranger Avocat en nos Conseils, pour lesdits Exposans. Arrest de nostredit Conseil, du onziéme Septembre dernier 1648. portant renvoy desdites Ordonnances pardevant nostredit Prevost de Paris où son Lieutenant Civil, & nostre Procureur audit Chastelet, & avis d'iceux, du 18. May dernier, le tout y attaché sous le contre-scel de nostre Chancellerie ; AVONS, de l'avis de la Reigne Regente nôtre tres-honorée Dame & Mere, & de nostredit Conseil, & de nôtre grace speciale, pleine puissance & autorité Royale, Voulons & nous plaist, que lesdites Ordonnances nouvelles corrigées sur les anciennes & les Articles augmentez en icelle, agréez, confirmez & approuvez, agréons, confirmons & approuvons pour en jouir par lesdits Opposans & leurs Successeurs ausdites Charges & Arts, plainement, paisiblement & perpetuellement, conformément ausdits Réglemens & Arrest sur ce intervenus. SI DONNONS EN MANDEMENT à nos Amez & feaux Conseillers les Gens tenant nostredite Cour de Parlement à Paris, Prevost dudit lieu, où son Lieutenant, que ces Presentes ils fassent lire, publier & registrer du contenu en icelle : Ensemble desdites Ordonnances, Privileges & Articles ajoutez, & ils souffrent & laissent jouir & user lesdits Exposans plainement & perpetuellement contraignans à l'observation de tous ceux qu'il appartiendra; CAR tel est nostre plaisir, afin que ce soit chose ferme & stable à toûjours : Avons fait mettre nostre scel à ces Présentes, sauf en autres choses, nostre droit & l'autruy en toutes. DONNE' à Paris le onziéme jour du mois d'Aoust, l'an de grace 1649. & de nostre Regne le septiéme. Signé, LOUIS. Et par le Roy, la Reine Regente sa Mere presente, DE GUENEGAUD, avec paraphe. Visa.

Registrées, ouy le consentement du Procureur du Roy, pour jouir par les impetrans à l'effectif cy-contenu, aux charges portées par l'Arest de ce jour. A Paris en Parlement, le vingt-deux Ianvier 1652.

Signé, DU TILLET.

Registrées au douziéme volume des Bannieres, Registre ordinaire du Chastelet de Paris, ce requerant les impetrans, pour servir & valoir & y avoir recours quand besoin sera. Ce fut fait au Chastelet de Paris, le Samedy deuxiéme jour de Mars 1652.

EXTRAIT DES REGISTRES DE PARLEMENT.

VEU par la Cour les Lettres Patentes du Roy, données à Paris l'onziéme Aoust 1649. Signé, LOUIS, & sur le reply par le Roy, la Reine Regente sa Mere présente, DE GUENEGAUD, & seellé du grand Sceau sur lacs de soye de cire verte obtenus par les Iurez és Oeuvres de Charpenterie de la Ville; Prevosté & Vicomté de Paris, par lesquelles ledit Seigneur sur la remontrance faite par lesdits Iurez és Oeuvres de Charpenterie, que par les Ordonnances dont leurs Ancestres auroient esté favorisez dés le 13. Novembre 1454. ratifiée par Loüis XI. Henry II. & Charles IX. au mois de Iuin 1467. Mars 1557. & Octobre 1570. n'estoient pas entierement décisifs dans les fonctions de leur Art, & que les termes en sont extremement ambigus, & que plusieurs personnes sans aucuns titres valables, en méprisant l'autorité, jusques à entreprendre immediatement de leur ministeres; ensorte qu'un nombre de Procez s'augmente à leur préjudice, au détriment du Public & desavantage des Loix, & que lesdits Iurez auroient supplié de vouloir continuer & confirmer lesdites Ordonnances, méme leur permettre d'en changer le langage, & d'ajoûter quelque Articles important pour le bien des Sujets, conservation des Réglemens & le suport de leur Compagnie, fondée sur l'autorité des Arrests de ladite Cour, du Conseil, & Sentence du Prevost de Paris, auroient agréez, confirmez & aprouvez les nouvelles Ordonnances corrigées sur les anciennes, & les articles augmentez en icelle, pour en joüir par lesd. Iurez & leurs Successeurs ausd. Charges & Art plainement, paisiblement & perpetuellement conformément ausd. Réglemens, Arrest sur ce intervenu, & comme plus au long le contiennent lesd. Lettres. La Requeste desd. Iurez presentée à ladite Cour afin d'enterrinement desd. Lettres, lesd. nouveaux Statuts estant au nombre de cinquante & un articles : Veu aussi la Requeste presentée par lesdits Iurez és Oeuvres de Charpenterie de ladite Ville, Prevosté & Vicomté de Paris, & les Maîtres Charpentiers de ladite Ville, Fauxbourgs & Banlieuë Deffendeurs contre la Communauté desd. Iurez Charpentiers, & les Maistres Maçons de ladite Ville, Fauxbourgs & Banlieuë aussi Deffendeurs contre la Communauté desd. Iurez Charpentiers, & Demandeurs à ce que l'appointement des Procureurs des Parties sur l'enterinement desd. Lettres Patentes du onziéme Aoust mil six cens quarente-neuf fut reçû par le Greffier de la Cour : ce faisant que lesd. Lettres seroient verifiées, registrées, lûës & publiées pour estre executées selon leur forme & teneur, avec deffenses d'y contrevenir sous les peines y déclarées, sur laquelle Requeste l'un des Conseillers de ladite Cour auroit esté commis pour parler sommairement aux Parties : Appointement à mettre par deffaut, Production desd. Demandeurs : Sommation de deffendre & produire par lesdits Deffendeurs, Conclusion du Procureur du Roy : Oüy le rapport ducit Conseiller commis, & la matiere mise en déliberation. Tout considéré : LADITE COUR a ordonné, que lesdites Lettres & Statuts seront registrées au Greffe d'icelle pour en joüir par les impetrans de l'effet & contenu en iceux selon leurs formes & teneur, à la reserve des Articles, trois, quatre, trente-six, trente-neuf, quarante & quarante-sept. FAIT en Parlement le 22. Ianvier 1652.

Signé, DU TILLET.

A TOUS ceux qui ces presentes Lettres verront. Loüis Seguier, Chevalier Baron de saint Brisson, Seigneur des Ruaux & de saint Firmin, Conseiller du Roy nostre Sire, Gentil-homme ordinaire de sa Chambre, & Garde de la Prevosté & Vicomté de Paris : Salut, sçavoir faisons : qu'aujourd'uy, Veu les Lettres Patentes du Roy données à Paris le onziéme Aoust 1649. Signé, LOUIS, & sur le reply : Par le Roy, la Reine Regente sa Mere presente, De Guenegaud, & scellée du grand Sceau, sur lacq de soye & cire verte, obtenus par les Jurez és Oeuvres de Charpenterie de ladite Ville, Prevosté & vicomté de Paris, par lesquels Sa Majesté sur les remonstrances faites par lesd. Jurez és œuvres de Charpenterie, que par les Ordonnances dont leurs Ancestres auroient esté favorisez dés le 13. Novembre 1454. ratifiée par Loüis XI. Henry II. & Charles IX. au mois de Juin 1467. Mars 1557. & Octobre 1570. n'estoient pas entierement décisifs dans les fonctions de leurs Art, & que les termes en sont entierement ambigus, & que plusieurs personnes sans avoir pris titres valables, en méprisant l'autorité, jusques à entreprendre sur ce qui dépend immediatement de leur ministere ; ensorte qu'un nombre de procez s'augmente à leur préjudice, au détriment du Public & désavantage des Loix, & que lesd. Jurez avoient supplié vouloir & continuer lesd. Ordonnances, mesme leur permettre d'en changer le langage, & d'y ajoûter quelques articles importans pour le bien des Sujets & conservation des Réglemens, & le support de leur Compagnie, fondée sur l'autorité de la Cour, du Conseil & de nos Sentences, auroient aggréez, confirmez & approuvez les nouvelles Ordonnances, corrigez sur les anciennes, & les articles augmentez en icelle ; pour en joüir par lesd. Jurez & leurs Successeurs ausd. Charges & Art, plainement, paisiblement & perpetuellement, conformément ausd. Réglemens & Arrests sur ce intervenus, & comme plus au long le contiennent lesd. Lettres, & à la Requeste à Nous présentée par lesd. Jurez afin de publication & Registrement és Registres des Bannieres de cette Cour, desd. Lettres, Status, Ordonnances & Privileges desd. Jurez & Maistres Charpentiers, lesdits nouveaux Statuts estant au nombre de cinquante & un article, & pour estre executez selon leur forme & teneur, laquelle Requeste aura esté de nostre Ordonnance, communiquée au Sieur Procureur

Procureur du Roy en cette Cour, qu'il auroit consenty lesd. Statuts estre leus, publiées & registrées és Registres des Bannieres de cette Cour, pour estre gardées selon leur forme & teneur, suivant l'Arrest de la Cour du vingt-deux Janvier dernier, portant verification desd. Lettres & Status, à la reserve des art. trois, quatre, trente-six, trente-neuf, quarente-sept desd. Statuts : Nous avons du consentement du Sieur Procureur du Roy, Ordonné que lesdits Articles & Statuts seront & demeureront Registrez és Bannieres de cette Cour, pour y estre gardez selon leur forme & teneur ; avec reserve toutefois portée par ledit Arrest du vingt-deuxiéme Janvier dernier : En témoin de ce, Nous avons fait sceller ces Présentes, données & prononcées par Messire Dreux Daubray, Conseiller du Roy en ses Conseils d'Etat & Privé, Lieutenant Civil de la Ville, Prevosté & Vicomté de Paris, le seiziéme Février mil six cens cinquante-deux.

Signé, HUBERT.

Sentences des Jurez Charpentiers.
COUDRAY.

Collationné par Nous Conseiller & Secretaire du Roy, Maison Couronne de France & de ses Finances.

DE POUCELLES.

DE PAR LE ROY,

ET MONSIEUR LE PREVOST DE PARIS,

OU Mr SON LIEUTENANT GENERAL DE POLICE.

A TOUS ceux qui ces présentes Lettres verront, Charles Denis de Boüllion Chevalier, Conseiller du Roy en ses Conseils, Prevost de Paris; Salut sçavoir faison : Que VEU le Procez extraordinairement poursuivy devant Nous à la Police, entre Mamet Poteau, Joseph Caqué, Jacques le Roy & Eustache Laurent, tous Jurez en charge de la Communauté des Maistres Charpentiers à Paris; Demandeurs & complaignant le Procureur du Roy joint d'une part & Estienne Panel, François Boyer, Estienne Bonvalet, Jacq. Bonvlet, Joseph Mandrou & Jacq. Forget, tous Compagnons Charpentiers à Paris & autres deffendeurs & accusez d'autre part, la plainte renduë au Commissaire Duchesne l'aîné le 27. Février 1698. par Antoine Petit, Annet Robe, Mamet Poteau & Joseph Caqué Maistres Charpentiers de cette Ville & Jurez de leur Communauté, contenant que par les Réglemens de Police du 14. Juin 1630. Arrest du Parlement confirmatif du 30. Aoust 1631. Arrest du Conseil du 16. Mars 1697. Il est deffendu à tous Compagnons Charpentiers de cette Ville de Paris & autres qui travaillent pour les Maistres & les Bourgeois, d'emporter les copeaux fouez, bouts de bois & billots qui proviennent des bois qu'ils façonnent à peine de punition corporelle, & leur est enjoint de se contenter de leurs salaires & journées, & permis aux Maîtres Charpentiers de se servir de tels Compagnons que bon leur semblera; deffenses aux Compagnons de se détourner les uns les autres du service des Maistres & de s'attroupper, & de faire aucune assemblée publique à peine de la vie : Que les Arrests & Réglemens ont esté de nouveau publiées & affichées aux places publiques de cette Ville de Paris : Que les Compagnons qui ne veullent point se soûmettre à l'execution desd. Réglemens, ont quitté le service des Maistres; caballes entr'eux à détourner ceux qui de bonne volonté veullent bien travailler & executer lesd.

Réglemens : Que Mardy dernier Philippe Voisin Maistre Charpentier, demeurant à la Porte saint Antoine, qui a un Astelier oûvert ruë saint Denis, à l'Image saint Nicolas, où il avoit trois Compagnons, il y en est venu une bande de Compagnons armez de reigles au nombre de douze ou quatorze, ont obligez violamment lesd. trois Compagnons de discontinuer leur travail & les ont amenez avec eux : Que Paul Poisson Maistre Charpentier, demeurant à la Ville-neuf, avoit la Semaine dernier seize Compagnons ; que Dimanche en les payant il leur a fait entendre le contenu desd. Réglemens, ils ont tous dit qu'ils ne travailleroient point si on ne leur permettoit d'emporter les copeaux, & de fait ne sont point revenus : ensorte que tous les Ouvrages sont restées, & que ledit Poisson ne peut plus avoir d'Ouvriers : Que le jour d'hier ledit Voisin ayant esté à la Place de Greve, lieu d'assemblée, pour trouver des Compagnons & les mettre en travail, il y en a trouvé plus de soixante, que tous d'accord & d'intelligence ont refusé de travailler à moins qui ne leur soit permis d'emporter les copeaux, & comme cela est deffendu & qu'il n'a pû le leur permettre, il est aussi resté sans Ouvriers, de quoy ils rendoient plainte audit Commissaire. Ordonnance du 28. dud. mois qu'il permet d'en informer. Information faite en consequence par ledit Commissaire Duchesne l'aîné, les 1, 4, 7, 8, & 14, Mars ensuivant. Decret de Prise de corps décerné contre les nommez Miret (dit Champagne) la Riviere, Boyer, Jean Guerin, Loüis Lestat, Panel, le Breton, la Coste, Silvain & Vendomos le 21. dudit mois de Mars. Interrogatoire suby par ledit Panel le 29. Avril ensuivant. Sentence du neuf May aussi ensuivant, par laquelle il est ordonné que les témoins seront recollez & confrontez. Autre Interrogatoire suby par ledit Boyer le 16. du même mois. Autre Sentence du 17. du même mois, par laquelle il est ordonné que les témoins seront recollez & confrontez. Autre plainte renduë audit Commissaire Duchesne l'aîné par lesd. Jurez Chrrpentiers, le 25. dudit mois de May des faits y contenus. Information faite par le même Commissaire les 28, & 30. desd. mois & an, 3, & 6. Juin ensuivant. Decret de prise de corps décerné contre les nommez Jacques Gillet Mirat, Estienne le Gouteux, Estienne Bonvallet & son fils, Chevels, Desrevardins, Criquet, du Bois Marois, Richard le jeune, Joseph Mandrou, la femme du nommé la Montagne, & la femme de François Boyer du 21. du même mois. Autre plainte renduë par ledit Caqué audit Commissaire Duchesne, le 15. dudit mois de Juin des faits y contenus. Information faite en consequence par le même Commissaire les 16. & 17. du même mois. Decret d'ajournement personnel decerné contre Forget le 22. dudit mois de Juin. Interrogatoire suby par ledit Estienne Bonvallet le 25. dudit mois. Autre Interrogatoire suby par ledit Jacques Bonvallet ledit jour 25. Juin. Autre Interrogatoire suby par Marguerite Grar, femme de François Saffray le 28. dudit mois. Autre Interrogatoire suby par ledit Mendrou le 2. Juillet ensuivant. Autre Information faite par le même Commissaire ledit jour 2. Juillet. Autre Interrogatoire suby par ledit Forget le 15. dudit mois, les recollemens & confrontations des 4, 15, 22, & 23. dudit mois de Juillet Requeste présentée par lesd. Joseph Caqué, Mamet Poteau, Jacques le Roy & Eustache Laurent, Jurez en charge de la Communauté des Maistres Charpentiers de cette Ville de Paris, contenant leurs conclusions civilles. Ordonnance estant au bas d'icelle, portant Acte soû-signifiée sans retardation du 19. Juillet dernier, signification d'icelle. Requeste du 23. dudit mois de Juillet, faite ausd. Mendrou, Panel, Boyer, Bonvallet pere & fils, & Forget par Royer Gadroy Sergent à Verge, controllé à Paris le même jour, les pieces produite par ladite Requeste. Conclusions du Procureur du Roy du 21, & 24. dudit mois de Juillet : Sommation faite par ledit Gadroy Sergent à Verge audit Chastelet le 31. Iuillet dernier ausd. Mendrou, Boyer, Forget ; Bonvallet pere & fils., & la femme du nommé la Montagne, de comparoir le lendemain huit heures du matin en la Chambre du Conseil de Police audit Chastelet de Paris, pour estre présent au jugement du procez qui se devoit juger au rapport de Monsieur Langlois Conseiller, & répondre à telles fins & conclusions que le Procureur du Roy voudra contre eux prendre, avec déclaration que ledit procez sera jugé tant en absence qu'en présence ; Les Interrogatoires suby debout par lesd. Panel, Forget, Bonvallet pere & fils, & ladite Grar femme de la Montagne le premier Aoust ensuivant 1698. & tout vû & consideré. NOUS par déliberation du Conseil, oüy sur ce le Procureur du Roy ; Disons que lesd. Panel, Forget, Boyer & Mendrou sont déclarées dûëment, atteints & convaincus d'avoir au préjudice des Arrests & Réglemens, notament de l'Arrest du Conseil du 16. Mars 1697. emporté les copeaux des Chantiers ; Pour réparation de quoy & autres cas resultans du Procez, condamnez d'estre mandez en la Chambre le Conseil y estant, pour y estre admonestées : deffenses à eux de rescidiver à peine de punition corporelle, condamnez chacun en 3. liv. d'aumône & en dix liv. de dommages & interests envers les Iurez Charpentiers, & en tous les dépens du Procez : Et à l'égard desd. Estienne & Iacques Bonvallet pere & fils, & de ladite Magdelaine Grar femme de François Saffray, dit la Montagne : ORDONNONS qu'il en sera plus amplement informé pendant trois mois, dépens, domages & interests reservez à cet égard ; & faisant droit sur la Requeste desd. Iurez Charpentiers du 19. Iuillet dernier, & conclusions du Procureur du Roy. ORDONNONS que l'Arrest du Conseil dudit jour 16. Mars 1697. sera executé selon sa forme & teneur, & suivant iceluy : Faisons tres-expresses inhibitions & deffenses à tous Compagnons Charpentiers d'emporter les copeaux, bouts de bois & billots des Chantiers à peine de punition corporelle, & à tous Maistres Charpentiers de les laisser emporter ausd. Compagnons à peine de 50. liv. pour la premiere fois & de 100. liv. pour la seconde au profit de la Communauté des Maistres Charpentiers : Deffendrons pareillement à toutes personnes de quelque qualité & condition qu'elles soient d'achepter desd. Compagnons Chapentiers ou autres de leur part aucuns copeaux, bouts de bois & billots qu'ils pouroient exposer en vente, ny même de les recevoir & retirer dans leurs maisons à peine de 50. liv. d'amende contre chacun des contrevenans, & de plus grande peine en cas de rescidive. Faisons deffenses ausd. Compagnons Charpentiers de s'assembler sous quelque pretexte que ce soit, même de Confrerie ; & tous Supérieurs Ecclésiastiques, Séculiers ou Réguliers, de souffrir en leurs Eglises, Cloistres & autres lieux de leurs Maisons aucunes assemblées desd. Compagnons sous pretexte desd. Confreries ou autrement. Deffendons pareillement ausd. Compagnons Charpentiers de s'assembler à cinq heures du matin dans la Place de Greve à peine de punition corporelle : Enjoignons ausd. Compagnons de travailler exactement & fidellement sous les ordres de leurs Maistres ; & afin qu'aucun n'en puisse prétendre cause dignorance : Ordonnons que nostre présente Sentence sera inserée dans les Registres de la Communauté des Maistres Charpentiers de cette Ville, lüë, publiée & affichée partout où besoin sera, & executée nonobstant oppositions ou appellations quelconques & sans préjudice d'icelle ; en témoin de ce, Nous avons fait sceller ces Présentes qui furent faites & jugées en la Chambre du Conseil de Police au Chastelet de Paris par Messire MARC RENE' DE VOYER, DE PAULMY D'ARGENSON, Chevalier, Conseiller du Roy en ses Conseils, Maistre des Requestes ordinaire de son Hostel, Lieutenant General de Police de la Ville, Prevosté & Vicomté de Paris, le Vendredy premier jour d'Aoust 1698. Collationné. *Signé*, TARDIVEAU.

Prononcé audit Panel pour se atteint entre les deux Guichets des Prisons du Grand Chastelet, par moy Greffier de Police, soussigné le Ieudy septiéme Aoust 1698. lequel Panel a dit qu'il acquiesçoit à ladite Sentence, & a declaré ne sçavoir écrire ny signer de ce interpellé suivant l'Ordonnance. *Signé*, TAUXIER.

Et le Vendredy huitiéme desdits mois & an, ledit Panel a esté mandé en la Chambre du Conseil de police, où estoient Monsieur le Lieutenant General de police, Messieurs Belin, Doyen-Guilleris, Quesmar & Chardon Conseillers, & estant ledit panel entré & debout, a esté admonesté suivant la Sentence cy-dessus, & a mis és mains de moy, Greffier de police soussigné les trois liv. d'aumônes en quoy il a esté condamné par ladite Sentence; lesquels trois liv. ont à l'instant esté par moy donné au sieur Vallon Concierge des prisons du Grand Chastelet pour les pauvres prisonniers desd. prisons, en consequence de quoy ledit panel a esté mis en liberté. *Signé*,

TAUXIER.

Controllé à paris le vingt-sixiéme Septembre 1698. *Et signé*, GUYOT.

16. mars 1697. — aux 3 eccs.

ARREST DU CONSEIL D'ESTAT DU ROY,

Rendu en faveur de la Communauté des Maistres Charpentiers de la Ville & Fauxbourgs de Paris, le 16. Mars mil six cens quatrevingt-dix-sept.

EXTRAIT DES REGISTRES DU Conseil d'Estat.

SUR la Requeste présentée au Roy en son Conseil par les Iurez, Corps & Communauté des Maistres Charpentiers de la Ville & Fauxbourgs de Paris ; CONTENANT que par Arrest du Conseil du quatorze Iuin 1695. Sa Majesté ayant ordonné que les Offices d'Auditeurs-Examinateurs des comptes des Corps des Marchands & Communautez d'Arts & Métiers crées par Edit du mois de Mars mil six cens quatre-vingt-quatorze, seroient & demeureroient pour toûjours réunis & incorporez ausd. Corps & Communautez ausquels appartiendroit le droit Royal attribué ausd. Offices depuis ledit Edit, & a toûjours, pour estre payé par chacun Aspirant à la Maistrise suivant la fixation portée par l'Edit du mois de Mars 1691. & en outre que lesd. Corps & Communautez joüiront à commencer du 1. Ianvier audit an 1695. des gages qui leur estoient attribuez par l'Estat d'évaluation qui en seroit fait au Conseil, eu égard à la porté du droit Royal & aux gages qui seroient attribuez à charque Communauté, & que dans quinzaine pour toutes préfixions & delais, il seroit fait à la requeste des Gardes, Syndics

& Iurez des Corps des Marchands & Communautez d'Arts & Metiers des repartitions de la Finance desd. Offices sur le pied de ladite évaluation sur tous ceux qui composent lesd. Corps & Communautez privilegiées & non privilegiées, le plus équitablement que faire se pourroit à proportion des facultez de chaque particulier, le montant desquelles repartitions seroit payé, ensemble les deux s. pour livre, un tiers un mois aprés la signification dudit Arrest, le second tiers trois mois aprés, & le parfait payement dans les trois mois suivans; sçavoir les sommes princspalles sur les quittances du Trésorier des Revenus Casuels ou sur les recepissez de Me Mathieu Lion chargé du recouvrement de la Finance, ses Procureurs, Commis & Preposez, portant promesse de rapporter lesd. quittances de finances & les deux s. pour liv. sur la quittance dudit Lion, & depuis la finance desd. Offices d'Auditeur des Comptes ayant esté moderée pour leur Communauté à la somme de neuf mil liv. & neuf cens liv. pour les deux s. pour livre, avec attribution de 200. liv. de gages actuels & effectifs, & du droit Royal, ils auroient fait leurs soûmissions de payer lesd. sommes, & en auroient mesme payé la meilleure partie, surquoy estant assemblez, pour aviser les moyens de payer le surplus, Jacques Guimier, Jean Poisson, Jean Mallet & Pierre Raoul la Porte Jurez en titre d'Office de ladite Communauté ayant offert volontairement de remettre leurs Charges de Jurez de la Communauté en leur remboursant ce qu'ils ont payé pour la finance, ils seroient demeurez d'accord par une déliberation sous seing privé du dix-huit Decembre mil six cens quatre-vingt-seize, reconnuë le mesme jour pardevant Caillet & Aveline Notaires au Chastelet de Paris, contenant douze articles des principaux Réglemens necessaire, tant pour trouver le restant de ladite somme de neuf mil neuf cens liv. & assurer le payement de ceux qui l'auront prestée, que pour assurer pareillement le payement de la somme de douze mil liv. pour le remboursement des Offices de Jurez, & pour restablir une bonne police & discipline dans la Communauté. Premierement, que lesd. Guimier, Poisson, Mallet & la Porte remettront à la Communauté les Offices de Jurez Syndics dont ils sont pourvûs pour en obtenir de Sa Majesté la réunion à leur Communauté qui s'obligera de leur rembourser à chacun la somme de 3000. liv. qu'ils ont payée pour la Finance desd. Offices, & jusqu'à ce leur en payer l'interest à raison du denier vingt, au payement desquelles sommes & interests lesd. Office de Jurez demeureront affectez & hypotequez par privilege special avec les droits

droits attribuez à iceux ; sçavoir le droit de visite qui est de six liv. par chacun Maistre, & de celuy des receptions qui est de trois cens liv. pour la reception de chaque Maistre. Que pour payer la somme de neuf mil liv. à laquelle la finance desd. Offices d'Auditeurs des Comptes a esté reglée, & celle de neuf cens liv. pour les deux s. pour livre. Ensemble pour les frais de garnison, la Communauté empruntera à constitution de rente ou autrement la somme de dix mil cinq cens liv. & que le rolle de repartition fait & arresté en la Communauté sera executé. Que pour payer les arrerages & interests des sommes qui seront empruntées pour la finance desd. Offices d'Auditeur des Comptes, & les six cens liv. d'interests du prix des Offices de Jurez Syndic, chaque Maistre de la Communauté, privilegié & autres presens & à venir payera pour chacun an la somme de vingt livres en quatre payemens égaux de trois mois en trois mois, jusqu'à ce que les principaux desd. sommes soient acquittées, au payement desquels arrerages sont aussi employez les deux cens liv. de gages attribuez ausd. Offices d'Auditeurs des comptes. Qu'il sera payé à la Communauté pour reception de chaque Maistre la somme de cinq cens liv. & pour celle d'un fils de Maistre 300. liv. & pour estre lesd. sommes employées au remboursement desd. dettes. Qu'il sera incessamment procedé à l'Election de quatre Iurez Syndics, sçavoir deux pour une année & les deux autres pour deux années, & ceux qui seront ainsi nommez seront tenus d'accepter ladite charge, quoy qu'ils eussent des charges & employs particuliers qu'ils pourroient prétendre les en pouvoir exempter, à l'exception desd. Guimier, Poisson, Mallet & de la Porte, qui ne seront plus eslûs ausd. charges, & qu'il sera à l'avenir procedé tous les ans à l'eslection de deux nouveaux Iurez, lesquels prendront soin de recevoir les gages & droits specifiez cy-dessus, pour les employer à payer tous les six mois les interests des sommes deuës par ladite communauté, & lesd. Iurez seront obligez en leurs propres & privez noms de payer les rentes des principaux du prix des Offices de Iurez à ceux qui les ont cedez à la communauté, & faute de payement desd. arrerages, les cedans pourront rentrer dans leurs charges sans autre forme de procez. Que les Iurez du Roy en œuvres de Charpenterie qui sont les Experts presens & à venir, pourvû qu'ils n'excedent pas le nombre de quatre, & qu'ils ayent dix ans de Maistrise, auront le mesme rang qu'ils ont eu cy-devant, avant la creation des Iurez Syndics de ladite communauté ; assisteront aux receptions qui se feront au Bureau de la communauté où les experiences seront faites & mises dans un coffre qui sera dans ledit Bureau où il y aura deux clefs, l'une desquelles sera mise entre les mains de l'un des Iurez anciens Syndics, & l'autre entre les mains d'un des nouveaux Iurez Syndics. Que lesd. Mallet & la Porte seront aussi mandez ausd. receptions des Maistres & autres Assemblées de la communauté conjointement avec les Iurez Experts, & auront chacun pour tous droits de chacune reception de Maistre douze jettons d'argent, sans qu'ils puissent sous peine de concussion en prendre d'autres, ausquelles receptions il sera aussi mandez quatre Maîtres, sçavoir deux anciens & deux modernes chacun à leur tour, qui auront aussi pour leur assistance chacun quatre jettons d'argent. Qu'aussi-tost que les Iurez Syndics seront sortis de charge au plustard dans quinze jours aprés, ils rendront compte de ce qu'ils auront receu & dépensé pardevant le Procureur du Roy au Chastelet en presence des Iurez Experts qui y seront mandez par un simple billet, avec les quatre Iurez Syndics, deux anciens Maistres, deux modernes & deux Ieunes qui y seront appellez alternativement suivant l'ordre du Tableau & le reliquat si aucun y avoit aprés tous les interests des sommes cy-dessus payées, sera employé au remboursement de partie des principaux, à commencer par lesdits Guimier, Poisson, Mallet & la Porte à leur choix, & ensuitte par les veuves des Maistres & heritiers de ceux qui auront presté leur argent & seront depuis decedez. Qu'il y aura deux Registres sur lesquels seront écrites toutes les sommes qui seront reçûës & payées, & les autres affaires de la communauté. Que les visites se feront au moins deux fois le mois dans les Bastimens, Chantiers des Maistres, Hasteliers & par tout où besoin sera par deux Iurez & un Expert suivant leur Edit de creation du mois de May mil six cens quatre-vingt-dix, lequel sera averty à son tour de Iuré & ira si bon luy semble, & un Iuré Syndic qui fera la visite en l'absence dudit Expert, sans que lesd. Iurez Expert le puissent tirer à consequence, lequel Iuré Syndic sera assisté de quatre Maistres qui iront chacun à leur tour suivant l'ordre du Tableau, sans qu'ils puissent s'en exempter pour quelque pretexte que ce puisse estre, sinon en cas de maladie seulement sur peine de dix liv. d'amende au profit de la communauté, & les procez verbaux qui seront faits seront mis entre les mains des Iurez Syndics pour en faire les poursuites. Que deffenses seront faites à tous Compagnons d'emporter aucuns copeaux dans les Chantiers à peine de punition corporelle,

& aux Maistres d'en laisser emporter sur peine de cinquante liv. d'amende pour la premiere fois & de cent liv. pour la seconde au profit de la Communauté. Que les Arrests & Réglemens qui contiennent la prohibition aux Maçons d'entreprendre de faire des Bastimens la clef à la main, & à tous Charpentiers de fournir la Charpente pour des Maçons seront executez selon leur forme & teneur, & les deffenses d'y contrevenir réïterées sous les peines y contenuës, que lesd. Guimier, Poisson, Mallet & la Porte seront déchargez de rendre aucun compte à la Communauté des deniers par eux perçûs & employez jusqu'au jour de la déliberation, & n'en pourront plus demander aucun à la Communauté, s'en tenant quittes respectivement les uns & les autres, & au surplus les Statuts & Réglemens de la Communauté seront executez : A CES CAUSES, Requerroient les Supplians qu'il plût à Sa Majesté sur ce leur pourvoir. Veu ladite Requeste & Déliberation du vingt-huitiéme Decembre 1696. Ouy le rapport sieur Phelyppeaux de Pontchartrain, Conseiller ordinaire au Conseil Royal, Controlleur General des Finances. LE ROY EN SON CONSEIL, A ordonné & ordonne qu'en payant par la Communauté des Maistres Charpentiers de Paris la somme de neuf mil liv. pour la finance des Offices d'Auditeurs-Examinateurs des comptes créez par Edit du mois de Mars 1694. & celle de neuf cens livres pour les deux sols pour livre de ladite finance, lesdits Offices seront & demeureront réunis & incorporez pour toûjours à ladite Communauté sans qu'il soit besoin de prendre des Lettres de Provision dont Sa Majesté a relevé & dispensé les Maistres Charpentiers, ce faisant la Communauté joüira, suivant l'Arrest du Conseil du quatre Septembre 1696. de deux cens liv. de gages effectifs attribuez ausd. Offices d'Auditeurs & Examinateurs des Comptes & du droit Royal, à commencer depuis ledit Edit du mois de Mars 1694. tel qu'il a esté estably par celuy du mois de Mars 1691. Ordonne pareillement du consentement desd. Guimier, Poisson, Mallet & la Porte, que les Offices de Iurez créez par Edit du mois de Mars 1691. dont ils sont pourvûs, seront & demeureront dés-à-present réunis & incorporez pour toûjours à ladite Communauté, à la charge par elle de payer & rembourser à chacun desd. Guimier, Poisson, Mallet & la Porte la somme de 3000. liv. revenant pour le tout à celle de 12000. liv. & jusqu'à ce qu'elle leur en payer l'interest au denier vingt ; auquel effet lesd. Offices de Iurez avec les droits de visite à raisons de six liv. par an, & ceux de reception des Maistres, à raison de 300. liv. par chacun desd. Maistres, demeureront affectez & hypotequez par privilege special au payement des principaux & interests de lad. somme de 12000. liv. Ordonne Sa Majesté conformément à la déliberation de la Communauté des Maistres Charpentiers du vingt huit Decembre dernier, qu'il sera incessamment procedé à l'élection de quatre nouveaux Jurez Syndics, dont deux seront nommez pour une année seulement, & les deux autres pour deux années, Que tous les Maistres seront tenus d'achepter ladite Charge s'ils y sont nommez, nonobstant qu'ils soient pourvûs d'autres Charges ou Emplois particuliers, par le moyen desquels ils pourroient prétendre d'en estre exempts, à l'exception desd. Guimier, Poisson, Mallet & la Porte qui en seront exempts; Qu'il sera procedé tous les ans à l'avenir à l'élection de deux nouveaux Jurez, lesquels exerceront leurs fonctions en vertu des Commissions qui leur seront délivrés par le Procureur de Sa Majesté au Chastelet sans estre obligez de prendre des Lettres de provision ny de confirmation, dont Sa Majesté les a dispensez, dérogeant pour ce regard à son Edit du mois de Mars 1691. Que lesdits Jurez prendront soin de recevoir les gages & autres droits appartenans à la Communauté, pour les employer à payer tous les six mois les interests des sommes dûës par la Communauté, & seront même obligez en leurs noms à payer ausd. Guimier, Poisson, Mallet & la Porte, la rente de la somme de 12000. liv. pour le prix des Offices de Jurez par eux cedez à la Communauté, faute duquel payement dans chaque année ils y pourront rentrer aprés trois simples Sommations seulement pendant trois jours consecutifs & en vertu du present Arrest, dans la possession de leurs Charges; auquel effet les quittances de Finances & Lettres de provision demeureront entre leurs mains jusqu'à leur entier & parfait payement: Et pour faciliter à ladite Communauté les moyens de payer la somme de neuf mil liv. pour la Finance des Offices d'Auditeurs des Comptes, celle de 900. liv. pour les deux s. pour livre de ladite Finance, même les frais de Garnison & autres, permet Sa Majesté aux Jurez d'icelle d'emprunter au nom de lad. Communauté jusques à la somme de dix mil cinq cens liv. auquel effet chacun des Maistres sera tenu de payer la somme pour laquelle il aura esté compris dans le Rolle de repartition, de ladite somme de dix mil cinq cens liv. à quoy faire les refusans seront contraints pour les propres deniers & affaires de Sa Majesté; & en outre chaque Maistre Privilegié & non Privilegié payera par chacun an en quatre payemens égaux de trois mois en trois mois entre les mains des Jurez Syndics la somme de vingt liv. y compris celle de six liv. à laquelle montent les anciens droits de visite jusqu'à ce que les dettes soient entierement acquittées, au profit de laquelle il sera payé pour la reception d'un Maistre la somme de cinq cens liv. & pour celle d'un fils de Maistre trois cens liv. lesquelles sommes seront employées à rembourser quelque partie des principaux dûs par la Communauté, & seront lesd. receptions faites sur une simple experience en presence des Jurez du Roy és œuvres de Charpenterie, qui sont les Experts présents & avenir, pourvû qu'ils n'excedent pas le nombre de quatre, & qu'ils ayent dix ans de Maistrises, lesquels assisteront aux receptions qui se feront au Bureau de la Communauté, & auront le même rang qu'ils avoient avant la creation des Jurez en titre d'Office. Seront aussi lesd. Mallet & la Porte mandez aux receptions des Maistres & autres Assemblées de la Communauté conjointement avec lesd. Jurez Experts & Jurez Syndics, & auront chacun pour leurs droits à chaque reception de Maistres douze jetons d'argent, sans qu'ils puissent sous peine de concussion exiger de plus grandes sommes. Seront aussi mandez aux receptions quatre Maistres, sçavoir deux modernes & deux jeunes à chacun à leur tour, qui auront pour leur assistance quatre jettons d'argent, & les experiences faites seront mises dans un coffre qui sera dans le Bureau de la Communauté fermant à deux clefs dont l'une sera mise entre les mains de l'un des anciens Jurez Syndics, & l'autre entre les mains de l'un des nouveaux Jurez Syndics. Ordonne Sa Majesté qu'aussi-tost que les Jurez Syndics seront sortis de charge, & au plustard quinze jours aprés, ils seront tenus de rendre compte de ce qu'ils auront reçû & payé pardevant le Procureur de Sa Majesté au Chastelet en presence des Jurez Experts qui y seront mandez par un simple billet pour y venir si bon leur semble, des quatre Jurez Syndics, de deux anciens, deux modernes & deux jeunes qui y seront appellez alternativement suivant l'ordre du Tableau ; Et s'il reste des deniers entre les mains des Jurez sortis de charges aprés tous les interests payez, ils seront employez au remboursement de quelque partie des principaux, à commencer par lesd. Guimier, Poisson, Mallet & la Porte, & ensuitte par les veuves & heritiers des Maistres qui auront prelté & seront depuis decedez. Que les Jurez Syndics auront deux Registres sur lesquels ils écriront toutes les sommes qu'ils auront reçuës & payées, & toutes les affaires de la Communauté. Que les visites se feront au moins deux fois le mois dans les Bâtimens, Chantiers des Maîtres, Atteliers & où besoin sera par deux Jurez, sçavoir un Expert Jurez Charpentier, suivant l'Edit de creation du mois de May mil six cens quatre-vingt-dix, lequel sera averty à son tour, & ira si bon luy semble, & un Iuré Syndic, & en cas d'absence de l'un desd. Iurez, la visite sera faite par celuy des deux qui s'y trouvera. Et seront lesd. Experts & Syndics, ou l'un d'eux en l'absence de l'autre assisté de quatre Maistres chacun à leur tour suivant l'ordre du Tableau, sans qu'ils puissent s'en exempter sous quelque pretexte que ce puissent estre, sinon & en cas de maladie, à peine de dix liv. d'amende au profit de la Communauté; & les Procez verbaux seront mis entre les mains des Iurez Syndics pour en faire les poursuittes en la Chambre du Procureur de Sa Majesté au Chastelet en la maniere accoutumée. Fait Sa Majesté deffenses à tous Compagnons Charpentiers d'emporter aucuns copeaux des Chantiers à peine de punition corporelle, & aux Maistres d'en laisser emporter à peine de cinquante liv. d'amende pour la premiere fois & cent liv. pour la seconde au profit de la Communauté. Ordonne en outre Sa Majesté que les Arrests & Reglemens concernant la prohibition aux Maçons d'entreprendre de faire des bastimens la clef à la main, & à tous Maistres Charpentiers de fournir la Charpente pour les Maçons, seront executez selon leur forme & teneur, avec deffenses d'y contrevenir sous les peines y contenuës, & conformément à ladite déliberation du 28. Decembre mil six cens quatre-vingt-seize, que lesd. Guimier, Poisson, Mallet & la Porte seront déchargez de rendre aucuns comptes à la Communauté des deniers par eux receus & employez jusqu'au jour du present Arrest, & de tous les droits qui pourront estre prétendus par les Iurez, dont ils demeureront quittes les uns envers les autres. Et au surplus que les Statuts, Ordonnances, Arrests & Réglemens concernant la Communauté seront executez selon leur forme & teneur, & pour l'execution du present Arrest toutes Lettres necessaires seront expediées. FAIT au Conseil d'Estat du Roy tenu à Versailles le seiziéme jour de Mars mil six cens quatre-vingt-dix-sept. Collationné. Signé, GOUJON.

EXTRAIT DES REGISTRES du Parlement.

ENTRE NICOLAS COQUEREL Maistre Charpentiers à Paris, Appellant des Sentences & Jugemens rendus par le General des Oeuvres de Maçonnerie des Bâtimens du Roy, Ponts & Chaussées de France, les 17. & 23. Aoust mil six cens quarente six, 11, 23, & 30. Mars 1651. & de tout ce qui s'en est ensuivy, & autres renduës en consequence, portant condamnation d'amende, pour avoir entrepris des Ouvrages de Maçonnerie contre & au préjudice des Réglemens & Arrests de la Cour d'une part : Et Charles Gazeau Syndic de la Communauté des Maistres Maçons de ladite Ville & Faubourgs de Paris Intimé d'autre : Et encore François le Roy, Nicolas Cocquerel, Jacques Couvreur & Jean Boucher, Jurez Maistres & Gardes de ladite Communauté des Charpentiers de cette Ville & Faubourgs de Paris, Demandeurs en Requeste du à ce qu'ils fussent reçûs Parties intervenantes en l'instance d'appel d'entre ledit Cocquerel & lesd. Gazeau audit nom, faisant droit sur leur intervention; que conformément aux Réglemens & Arrests de la Cour, que deffenses soient faites à tous Maistres Maçons d'entreprendre des ouvrages de Charpenterie sur les peines y portées & autres qu'il luy plaira d'ordonner d'autre : Et lesd. Gazeau & Cocquerel deffendeurs d'autre : Et entre ledit Gazeau Syndic des Maistres Maçons à Paris, demandeur en requeste présentée à la Cour audit nom de Syndic le à ce qu'ils fussent pareillement reçûs Parties intervenantes esd. causes d'appel ; faisant droit sur son intervention, il plût à la Cour réïterer les deffenses cy-devant faites à tous Charpentiers d'entreprendre des ouvrages pour le fait de Maçonnerie sur peine de plus grande amende que celle portée par lesd. Réglemens & Arrests s'il y échet aussi d'autre, & lesd. Jurez Maistres & Gardes des Charpentiers Deffendeurs d'autres. APRE'S que Maistre Ragreneau Avocat pour lesd. Cocquerel & Jurez Charpentiers & Maistre Robert Deschamps Avocat pour ledit Gazeau audit nom de Procureur Syndic, ensemble les Procureurs des Parties, Maistre Michel Villedo General des Oeuvres de Maçonnerie des Bâtimens du Roy ont esté oüy au Parquet des Gens du Roy, & par leur avis demeurez d'accord de l'appointement qui ensuit: Appointé est, OUY sur ce le Procureur General du Roy, que LA COUR a mis & met les appellations au neant ; Ordonne que les Sentences dont est appel sortiront leur plein & entier effet ; condamne l'Appellant aux dépens de la cause d'appel, liquidez à seize liv. tournois : & ayant égard aux Requestes respectivement présentées par ledit Gazeau audit nom de Procureur des Maistres Maçons, & lesd. Iurez Maistres & Gardes Charpentiers les a receûs parties intervenantes, faisant droit sur leur intervention. A ordonné & ordonne que les Arrests de Réglement seront executez, ce faisant & suivant iceux, leur fait iteratives deffenses respectives d'entreprendre aucuns ouvrages l'un sur l'autre de leur métier sur les peines y portées, & de 500. liv. d'amende qui sera payable par chacun contrevenant en vertu du présent Arrest. FAIT en Parlement le vingt-uniéme jour du mois de Février mil six cens cinquante-deux.

Signé, SUYET.

EXTRAIT DES REGISTRES DU CONSEIL d'Estat du Roy.

LE ROY en son Conseil a ordonné & ordonne que les Arrests & Réglemens concernant la prohibition aux Maçons d'entreprendre de faire des Bâtimens la clef à la main, & à tous Charpentiers de fournir la Charpente pour les Maçons seront executez selon leur forme & teneur ; avec deffenses d'y contrevenir sur les peines y contenuës. Fait au Conseil d'Estat du Roy, tenu à Versailles le 16. Mars 1697. Collationné. Signé, GOUJON.

Permis de signifier & d'afficher lesd. Arrests. Fait ce vingt-un Janvier 1698. Signé, MARC DE VOYER D'ARGENSON.

Extrait

Extrait des Registres de la Cour de Parlement.

LOUIS PAR LA GRACE DE DIEU, ROY de France & de Navare : A l'un des Huissiers de nôtre Cour de Parlement ou autre nostre Huissier ou Sergent sur ce requis ; Sçavoir faisons. Que sur le different mû & pendant en nostredite Cour entre Ioseph Mandron, Iean François Boyer & Iacques Forget, tous Compagnons Charpentiers à Paris, Appellans d'une Sentence contre eux renduë par le Lieutenant General de Police au Chastelet de Paris, le premier Aoust 1698. d'une part, & Mamet Poteau, Ioseph Caqué, Iacques le Roy & Eustache Laurens, tous Iurez en charge de la Communauté des Maistres Charpentiers de la Ville & Fauxbourgs de Paris, Intimez d'autre part : VEU par nostredit Cour en la cinquiéme Chambre des Enquestes, le Procez par écrit, conclut & reçû pour juger en la maniere accoûtumée par Arrest du 25. Février 1699. si bien ou mal auroit esté appellé, les dépens respectivement requis par les Parties & l'amende pour Nous, & auroient esté lesdites Parties appointées à fournir moyens de nullité. Réponses, faire production nouvelle & contredire, le tout dans le temps porté par l'Ordonnance : ladite Sentence renduë par ledit Lieutenant General de Police audit Chastelet, ledit jour premier Aoust 1698. entre lesdits Mamet Poteau, Ioseph Caqué, Iacques le Roy & Eustache Laurens, tous Iurez en charge de la Communauté des Maistres Charpentiers à Paris, Demandeurs & complaignans le Substitut de nostre Procureur General audit Chastelet joint d'une part : Et lesdits Estienne Panel, François Boyer, Estienne Bonvallet, Iacques Bonvallet, Ioseph Mandron & Iacques Forget tous Compagnons Charpentiers à Paris & autres Deffendeurs & Accusez d'autre part, par laquelle auroit esté dit, que lesdits Panel, Forget, Boyer & Mandron estoient déclarez, dûëment, atteints & convaincus d'avoir au préjudice des Arrests & Réglemens, & nottament de l'Arrest du Conseil du 16. Mars 1697. emporté les copeaux des Chantiers, pour réparation de quoy & autres cas resultans du Procez, condamnez d'estre mandez en la Chambre le Conseil y estant, pour y estre admonéstez, deffenses à eux faites de recidiver à peine de punition corporelle, & condamnez chacun en trois liv. d'aumônes & en dix liv. de dommages & interests envers les Iurez Charpentiers & en tous les dépens du Procez, & à l'égard desd. Estienne & Iacques Bonvallet pere & fils, & de ladite Magdelaine Grard, femme de François Saffray, dit Lamontagne, ordonné qu'il en seroit plus amplement informé pendant trois mois, dépens, dommages & interests reservez à cet égard : & faisant droit sur la requeste desdits Iurez Charpentiers du 19. Iuillet audit an 1698. & conclusions du Substitut de nostre Procureur General, auroient esté ordonné que l'Arrest du Conseil dudit jour seize Mars 1697. seroit executé selon sa forme & teneur, & suivant iceluy deffenses & inhibitions tres-expresses faites à tous Compagnons Charpentiers d'emporter les copeaux, bouts de bois & billots des Chantiers à peine de punition corporelle, & à tous Maistres Charpentiers de les laisser emporter ausdits Compagnons à peine de cinquante liv. d'amende pour la premiere fois & de cent livres pour la seconde au profit de la Communauté des Maistres Charpentiers, pareillement deffendu à toutes personnes de quelque qualité & condition qu'elles fussent, d'achepter desdits Compagnons Charpentiers ou autres de leur part aucuns copeaux, bouts de bois & billots qu'ils pouroient exposer en vente, ny mesme de les recevoir & retirer dans leurs maisons à peine de cinquante liv. d'amende contre chacun des contrevenans, & de plus grande peine en cas de rescidive : Deffenses faites ausd. Compagnons Charpentiers de s'assembler sous quelque pretexte que ce fust, mesme de Confrerie, & à tous Superieurs Ecclésiastiques, Séculiers ou Réguliers de souffrir en leurs Eglises, Cloîtres & autres lieux de leurs Maisons aucunes Assemblées desdits Compagnons sous pretexte desdites Confreries ou autrement : Deffenses pareillement faites ausd. Compagnons Charpentiers de s'assembler à cinq heures du matin dans la Place de Greve à peine de punition corporelle : Enjoint ausd. Compagnons de travailler exactement & fidellement sous les ordres de leurs Maistres, & afin qu'aucun n'en pû prétendre cause d'ignorance : Ordonné que ladite Sentence seroit incerée dans les Registres de la Communauté des Maistres Charpentiers de ladite Ville, lüë, publiée & affichée partout où besoin seroit, & executée nonobstant oppositions ou appellations quelconques & sans préjudice d'icelle. Moyens de nullitez desdits Mandron, Boyer & Forget du quatriéme Aoust 1699. contenans leurs conclusions, à ce qu'il plû à nostredite Cour mettre l'appellation, Sentence & ce dont auroit esté appellé au neant, émandant déchargée lesd. Mandron & Consorts des condamnations contre eux prononcées par ladite Sentence, les envoyer absous de l'accusation contre eux intentée par lesd. Poteau & Consorts, déclarer les emprisonnemens qui avoient esté faits de leurs personnes és Prisons du Grand-Chastelet nuls, injurieux, tortionnaires & déraisonnables : Ordonner que leurs écrous seroient rayez & biffez, & que lesdits Poteau & Consorts fussent solidairement condamnez en leurs propres & privez noms, & par corps en trois mil livres de réparations & interests civils envers lesd. Mandron & Consorts, & en tous les dépens tant des causes principalles que d'appel. Réponses desd. Poteau & Consorts du 23. Novembre 1699. Requeste desd. Mandron, Boyer & Forget du dixiéme Iuillet 1700. employée pour salvations. Requeste desd. Mamet Poteau & Consorts du quatorze Iuillet 1700. employée pour réponses. Production nouvelle desdits Mandron, Boyer & Forget par requeste du deuxiéme Avril 1700. Requeste desd. Iurez, Corps & Communauté des Maistres Charpentiers du huitiéme May audit an, employée pour contredits. Requeste desd. Maistres Charpentiers du dixiéme Avril 1699. à ce qu'il plû à nostredite Cour en procedant au jugement du Procez d'entre les Parties & en confirmant la Sentence dont estoit appel dudit jour premier Aoust audit an 1698. Ordonner que l'Arrest intervenu en nostredite Cour sur les conclusions de nostre Procureur General entre les Iurez & Communauté des Maistres Couvreurs de ladite Ville de Paris, & les Compagnons dudit métier, dudit jour quatriéme Mars audit an 1651. seroit declaré commun avec les Iurez & Communauté des Maistres Charpentiers de ladite Ville & Fauxbourgs de Paris, & les Compagnons dudit métier : ce faisant & conformément à iceluy casser & suprimer les Confreries tenuës & establies par lesdits Compagnons Charpentiers tant en l'Eglise de saint Nicolas Deschamps, en celle de S. Paul, de saint Cosme & aux Religieux Prémontrez de la Croix Rouge que autres lieux, leur faire deffenses de s'y assembler à l'avenir à peine de prison & de punition corporelle en cas de recidive, mesme permettre aux Jurez & Communauté des Maitres Charpentiers de faire saisir & enlever à leur requeste les ustanciles servans ausdites Confreries ; faire aussi deffenses à tous Curez Superieurs, Ecclésiastiques, Séculiers ou Réguliers de souffrir en leurs Eglises, Cloîtres ou autres endroits de leurs Maisons aucunes assemblées desdits Compagnons Charpentiers sous pretexte desdites Confreries ou autrement sous telles peines qu'il plairoit à nostredite Cour, & qu'acte leur fut donné de ce que pour écritures & production, il employoient le contenu en ladite

Requeste avec les pieces y mentionnées, sur laquelle par Ordonnance de nostredite Cour estant enfin d'icelle, les Parties auroient esté appointées en droit & ordonné que les Deffendeurs fourniroient de deffenses, écriroient & produiroient dans le temps de l'Ordonnance joint & acte de l'employ. Requeste desdits Mandron, Boyer & Forget du trente-uniéme Aoust mil six cens quatre-vingt-dix-neuf, employée pour deffenses, écritures & production suivant ladite Ordonnance. Requeste desdits Maistres Charpentiers du vingtroisiéme Novembre 1699. employée pour réponses & contredits. Requeste desdits Mandron, Boyer & Forget du dixiéme Juillet 1700. employée pour réponses à salvations: Sommation de fournir par eux de condredits. Trois productions nouvelles desd. Maistres Charpentiers, par requeste des 14. Avril 1699. 19. Février & 2. Mars 1700. Sommation de fournir de contred. contre icelles par lesd. Mandron, Boyer & Forget: Instance entre Estienne Legouteux & François Saffray, dit Lamontagne, Compagnons Charpentiers de ladite Ville & Faubourgs de Paris, Marguerite Grand, femme dudit Safray, Demandeurs en requeste par eux presentée à nostredite Cour le 9. Mars 1700. d'une part, & lesd. Iean François Boyer, Iacques Forget & Consorts, tous Compagnons Charpentiers à Paris, & lesd. Iurez, Corps & Communauté des Maistres Charpentiers de ladite Ville de Paris, Deffendeurs d'autres, ladite requeste desd. Legouteux, Safray & Consorts dudit jour 9. Mars 1700. à ce qu'ils fussent reçûs Parties intervenantes au Procez appointé entre lesd. Syndics, Jurez & Communauté desd. Maistres Charpentiers, & lesdits Mandron, Boyer & Forget distribué à nostre amé & feal Mr Claude le Rebours Conseiller, qu'acte leur fust donné de leurs intervention, & faisant droit sur icelle qu'ils fussent reçûs opposans à l'execution des Arrests des 30. Aoust 1631. & 7. Septembre 1656. & Appellans desdites permissions d'informer. Information. Decret de prise de corps, emprisonnemens, interrogatoire & de toutes les poursuittes & procedures qui auroient esté faites en consequence: Ensemble de ladite Sentence dudit jour 1. Aoust 1698. & de ce qui s'en estoit ensuivy, tant comme Iuge incompetant qu'autrement; ce faisant mettre les appellations, Sentences & ce au neant, émendant décharger lesd. Legouteux, Safray & Consorts des condamnations contr'eux prononcées par ladite Sentence, les renvoyer quittes & absous de l'accusation contr'eux intentée, déclarer les emprisonnemens faits de leurs personnes és Prisons du Grand Chastelet nuls, injurieux, tortionnaires & déraisonnables: ordonner que leurs écrous seroient rayez & biffez, & condamner lesd. Maistres Charpentiers solidairement en leurs propres & privez noms, & par corps en tels commages & interests qu'il plairoit à nostredite Cour arbitres resultans de leurs emprisonnemens, & que acte leur fut donné de ce que pour écritures & production ils employoient le contenu en ladite requeste & ce qui avoit esté dit par lesd. Mandron, Boyer & Forget sans préjudice d'autres droits & actions, ledit Arrest auquel estoit formé oposition dudit jour 31. Aoust 1631. rendu entre les Compagnons Charpentiers de lad. Ville de Paris, Apelans d'une Sentence renduë par le Prevost de Paris ou son Lieutenant Civil le sept Aoust 1630. par laquelle oüy le Substitut de nostre Procureur General & sans qu'il fut besoin de plus grande instruction de procez sur les decrets decernez par ledit Prevost de Paris ou son Lieutenant Civil, les Jurez & Mᵉ Charpentiers auroient esté renvoyez absous des demandes & conclusions desd. Compagnons qui étoient à ce qu'ils fussent maintenus & conservez en leurs droits ordinaires: ce faisant qu'il leur fust permis à chacun d'eux d'emporter les fouées copeaux, bouts de bois & billots de nulle valleur provenans des bois auquel ils auroient travaillé: Que lesd. Jurez & Maîtres Charpentiers seroient tenus d'employer les Compagnons Charpentiers qui auroient fait leurs aprentissages & estoient domiciliez en lad. Ville par preferance aux Compagnons estrangers du même metier à peine d'amende, & en consequence des avis donnez par aucuns notables Bourgeois de ladite Ville, deffenses auroient esté faits à tous Compagnons Charpentiers, Manouvriers & autres, tant de ladite Ville que de déhors d'emporter en quelque façon que ce fust des Chantiers desd. Charpentiers, même des Logis & Hostelleries des Bourgeois qui feroient travailler en leurs maisons les foüées, copeaux, bouts de bois & billots à peine de punition corporelle, ains se contenteroient lesd. Compagnons de ce qu'il leur seroit payé pour le salaire de leurs journées, & permis ausdits Maistres Charpentiers de se servir de tels Compagnons que bon leur sembleroit, comme ils auroient accoûtumée faire, avec deffenses à tous Compagnons de se détourner les uns les autres du service des Maistres, de s'atrouper ny de faire aucune assemblée illicite à peine de la vie, & lesdits Compagnons condamnez aux dépens d'une part, & lesd. Jurez & Maistres Charpentiers de ladite Ville de Paris Intimez d'autre, par lequel faisant droit tant sur le procez par écrit que appellations verballes, l'appellation & Sentence de laquelle auroit esté appellé, auroient esté mises au neant sans amende en ce que par icelle lesd. Compagnons Charpentiers auroient esté condamnez aux dépens : ladite Sentence au residu & ce dont auroit esté appellé sortissans effet, ledit Arrest dudit jour 7. Septembre 1656. auquel estoit pareillement formé opposition, rendu sur la requeste presentée le 19. Aoust audit an par le Maistre General de nos Bâtimens, Ponts & Chaussées de France, Nos Jurez és Oeuvres, Syndic & Communauté des Maistres Charpentiers de Paris contre les Compagnons Charpentiers & Manouvriers de ladite Ville & Fauxbourgs de Paris, à ce qu'ils fussent remis opposans à l'execution de l'Arrest du 9. Aoust audit an, levez les deffenses y portées par iceluy, & en consequence que les Arrests contradictoires des 30. Aoust 1631. 17, 31. May & 17. Juin audit an 1656. seroient executez selon leur forme & teneur, avec iterative deffenses d'y contrevenir par lesd. Compagnons Charpentiers ; cependant permis ausd. Maistres Charpentiers de faire emprisonner lesd. Compagnons & Manouvriers, lesquels il trouveroient en flagrant délits & saisis des foüées & copeaux, bouts de bois & billots sortans des Hostelleries des Bourgeois des Chantiers desd. Maistres, ainsi qu'il estoit porte par lesdits Arrest, & que lesd. Compagnons fussent condamnez aux dépens, par lequel ledit Maistre General de nos Bâtimens & lesdits Maistres Charpentiers auroient esté reçûs opposans à l'execution dudit Arrest du 9. Aoust audit an 1656. & pour faire droit sur l'opposition, les Parties renvoyées à l'Audiance, dépens reservez, lesd. permission d'informer : Information, Decret de prise de corps, emprisonnemens, interrogatoires & toutes les poursuites & procedures qui avoient esté fait en consequence, lad. Sentence dudit jour 1. Aoust 1698. cy-devant énoncée : Arrest du 18. Mars 1700. par lequel lesd. Legouteux, Saffray & consorts auroient esté reçûs Parties intervenantes au procez pendant au rapport dudit Messire Claude de. Rebours Conseiller, sur les appellations, les Parties appointées au Conseil à fournir causes & moyens de nullitez, réponses & sur l'intervention & opposition en droit m joint à écrire, produire & contredire le tout dans trois jours pour leur estre fait droit ainsi que de raison, joint les fins de non-recevoir desd. Mes Charpentiers qui estoient que lesd. Legouteux, Safray & consorts n'estoient pas recevables dans l'opposition par eux formée à l'execution des Arrests desd. jours 30. Aoust 1631. 5. Septembre 1656. deffenses au contraire sur lesquelles seroient préalablement ou autrement fait droit & acte donné ausd. Legouteux, Safray & consorts de l'employ porté par leur requeste : Requeste desdits Maistres Charpentiers du 19. Avril 1700. employée pour fins de non-recevoir : Réponses, deffenses, écritures & production suivant ledit Arrest : Production, réponses desd. Legouteux, Safray & consorts, & lesd. Maistres Charpentiers : Requeste desd. Maistres Charpentiers du 24. Juillet 1700. employée pour contredit. Sommation d'en fournir par lesd. Legouteux, Safray & consorts, & par lesd. Mandrou, Boyer & Forget ; fournir de réponses, écrire, produire & contredire en execution dudit Arrest. Autre Instance entre lesd. Joseph Mandron, Jean-François Boyer & Jacques Forget, Compagnons Charpentiers de ladite Ville de Paris, Demandeurs en requeste par eux presentée à nostredite Cour le 20. Avril 1700. d'une part, & ladite Communauté des Maistres Charpentiers de ladite Ville & Fauxbourgs de Paris, Deffendeurs & Intimez d'autre part : ladite requeste desd. Mandron, Boyer & Forget dudit jour 20. Avril 1700. à ce qu'ils fussent reçûs opposans tant pour eux que pour Estienne Panel aussi Compagnons Charpentiers ausd. Arrests de nostredite Cour des 30, Aoust 1651. & 7. Septembre 1656. obtenus par lesd. Jurez & Communauté des Maistres Charpentiers contre aucuns Compagnons dudit métier, qu'acte leur fust donné de ce qu'en adherant aux appellations interjetées par ledit Panel des plaintes, permission d'informer : Information, Decrets de prise de corps & emprisonnemens de leurs personne és Prisons du Grand-Chastelet, le tout fait à la requeste tant des Syndics, Jurez & Communauté des Maistres Charpentiers & de quelques Maistres que sous le nom du Substitut de nostre Procureur General audit Chastelet, relevée en nostredite Cour suivant les Arrests des

& qu'ils interjettoient pour eux, ensemble pour ledit Panel de ce qui s'en estoit ensuivy & de ladite Sentence renduë contre luy aussi-bien que contr'eux ledit jour 1. Aoust 1698. & de ce qui avoit esté fait en consequence, & qu'acte leur fust donné de ce pour moyens d'opposition & appel ils employent le contenu en leurs moyens de nullitez & en la requeste signifiée par d'autres Compagnons Charpentiers le 9. Mars 1700. ce faisant que les fins & conclusions par eux prises leur fussent adjugées avec dépens, dommages & interests sans préjudice à leurs autres droits & actions, lesd. Arrests ausquels estoit formée opposition desd. jours trente Aoust 1651. & 7. Septembre 1656. cy devant énoncé lesd. plaintes, permission d'informer : Information, Decret de prise de corps, emprisonnemens, ladite Sentence dudit jour 1. Aoust 1698. & ce qui avoit suivy, le tout aussi cy-devant énoncé. Arrest du 22. Avril 1700. par lequel sur lesd. appellations & oppositions, les Parties auroient esté appointées au Conseil en droit & joint au Procez d'entre lesd. Parties pendant au raport dudit Messire Claude le Rebours Conseiller, le tout dans trois jours pour leur estre fait droit ainsi que de raison, joint les fins de non-recevoir de la Communauté des Maistres Charpentiers, qui estoient que lesd. Mandron, Boyer & Forget n'estoient pas recevables dans l'opposition par eux formée à l'execution desd. Arrests desd. jours 30. Aoust 1631. & 7. Septembre 1656. deffenses au contraire, sur lesquelles seroit préalablement ou autrement fait droit ainsi que de raison : Acte donné ausd. Mandron, Boyer & Forget de l'employ porté par leur requeste. Requeste desd. Jurez & Communauté desd. Maistres Charpentiers du 4. May 1700. employée pour fins de non-recevoir, réponses à causes d'appel, deffenses, écritures & production suivant ledit Arrest : Sommation de satifaire audit Arrest par lesd. Mandron, Boyer & Forget, & suivant iceluy, écrire, produire & contredire, mesme aussi par lesdits Maistres Charpentiers fournir de contred. & par lesd. Parties de satisfaire à tous les Réglemens intervenus au Procez ; conclusions de nostre Procureur General, tout joint & consideré. NOSTREDITE COUR faisant droit sur le tout, sans avoir égard aux fins de non-recevoir desd. Maistres Charpentiers ny à l'intervention desd. Estienne Legouteux, François Safray, dit Lamontagne, & Margueritte Grand sa femme dont ils sont déboutez, a mis les appellations au neant : Ordonne que la Sentence & ce dont a esté appellé sortiront effet, & neanmoins sans dommages & interests, déboute lesd. Legouteux, Safray, Grand, Mandron, Boyer & Forget de leurs oppositions : Ordonne que les Arrests des 30. Aoust 1631. & 7. Septembre 1656. seront executez, & sur le surplus des demandes, les Parties hors de Cour & de Procez, condamne lesd. Mandron, Boyer, Forget, Legouteux, Safrry & Grand en une amende ordinaire de douze liv. & en tous les dépens des causes d'appel & instances, chacun à leur égard, la taxe d'iceux à nostredite Cour reservée. A CES CAUSES, Te mandons mettre le present Arrest à deuë & entiere execution, m faire pour raison au sujet & à l'occasion d'iceluy tous Exploits, Commandemens, Significations & autres Actes de Justice requis & necessaires, de ce faire te donnons pouvoir. DONNE' en Parlement le sixiéme jour du mois de Septembre, l'an de grace mil sept cens, & de nostre regne le cinquante-huitiéme. Collationné.

PAR LA CHAMBRE, DE LA BAUNELLE.

www.ingramcontent.com/pod-product-compliance
Ingram Content Group UK Ltd.
Pitfield, Milton Keynes, MK11 3LW, UK
UKHW021518260726
13993UKWH00004B/1756

9 782329 313511